COMPAGNIE

DU

CHEMIN DE FER DE PARIS A ORLÉANS

ASSEMBLÉE GÉNÉRALE DES ACTIONNAIRES

Du 30 Mars 1844.

RAPPORT

DU

CONSEIL D'ADMINISTRATION

ET

RÉSOLUTIONS DE L'ASSEMBLÉE GÉNÉRALE.

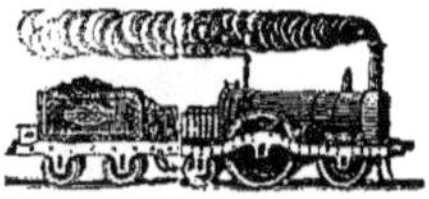

PARIS

IMPRIMERIE CENTRALE DES CHEMINS DE FER, DE NAPOLÉON CHAIX ET Cie,

Rue Bergère, 20, près du boulevart Montmartre.

1844

COMPAGNIE

DU

CHEMIN DE FER DE PARIS A ORLÉANS

ASSEMBLÉE GÉNÉRALE DES ACTIONNAIRES

DU 30 MARS 1844.

RAPPORT

DU CONSEIL D'ADMINISTRATION

ET

RÉSOLUTIONS DE L'ASSEMBLÉE GÉNÉRALE.

1851

CONSEIL D'ADMINISTRATION.

MM. François Bartholony, *, *Président.*

De Gascq, * C., pair de France, président de chambre à la Cour des Comptes, *Vice-Président.*

Vicomte Denis Benoist, *, membre de la Chambre des Députés, ancien directeur de la Dette inscrite.

De Bousquet, *, ancien chef de division à l'administration des Postes.

Louis Dufour, banquier.

Foucher père, *, président honoraire de la Compagnie des Notaires de Paris, membre du Conseil général des hospices.

G. de Fougères, *, conseiller référendaire à la Cour des Comptes, *Administrateur délégué.*

Comte de Germiny, * O., conseiller maître à la Cour des Comptes.

Comte Jaubert, *, membre de la Chambre des Députés, ancien ministre des Travaux publics.

A. Revenaz, administrateur des Messageries royales.

Comte Philippe de Ségur, * G. O., pair de France, lieutenant-général.

A. de Waru, banquier.

COMITÉ DE DIRECTION ET DES TRAVAUX.

MM. Banès, *, directeur de la comptabilité et de l'exploitation.

Marc, directeur du contentieux, secrétaire général.

Clarke, *, ingénieur du matériel.

M. G. Delahante, sous-directeur de l'exploitation.

M. Mourlhon, ingénieur chargé de l'entretien de la voie.

M. Hammond, caissier de la Compagnie.

Le Conseil d'administration se subdivise en Commissions auxquelles assistent de droit M. le *Président du Conseil*, et obligatoirement M. l'*Administrateur délégué*.

Ces Commissions sont composées ainsi qu'il suit :

	MM.
Commission de constructions	Vicomte D. Benoist. Comte Jaubert. A. Revenaz.
Commission d'exploitation	De Bousquet. Comte de Ségur. A. de Waru.
Commission de finances et de comptabilité	Louis Dufour. Comte de Germiny. A. de Waru.
Commission du contentieux	Foucher. G. de Fougères. De Gascq.
Commission des ateliers	Vicomte D. Benoist. De Bousquet. A. Revenaz.

Secrétaire du Conseil. . . . . M. Perodeaud.

Secrétaire du Comité et des Commissions. . . . M. Petit de Coupray.

TABLE DES MATIÈRES.

ANNEXES.

---

(1) Un tableau des dépenses par nature et par kilomètre, qui avait été omis par erreur dans le premier tirage, est ajouté dans le second.

COMPAGNIE DU CHEMIN DE FER DE PARIS A ORLÉANS.

RAPPORT

PRÉSENTÉ A

L'ASSEMBLÉE GÉNÉRALE DES ACTIONNAIRES

DANS SA RÉUNION DU 30 MARS 1844,

Au nom du Conseil d'Administration de la Compagnie.

MESSIEURS,

Les articles 41 et 51 des statuts imposent au Conseil d'administration l'obligation de vous réunir à cette époque (1) ; mais lors même que nous n'aurions pas à obéir à une prescription formelle, nous nous serions empressés de venir mettre sous vos yeux la situation de l'entreprise confiée à nos soins. Nos travaux sont achevés ; la section de Corbeil est ouverte depuis trois ans et demi ; il y aura bientôt un an que la ligne principale est livrée à l'exploitation.

Le moment est donc arrivé d'appeler votre attention sur l'ensemble

(1) ART. 41. — « L'assemblée générale se réunit de droit chaque année, au siége de la Société, dans le courant du mois de mars. »

ART. 51. « Les réunions annuelles et périodiques de l'assemblée générale ne commenceront à avoir lieu qu'après l'achèvement des travaux, à moins de circonstances particulières qui motivent sa réunion avant cette époque. »

de nos affaires, qui n'ont pu jusqu'ici vous être présentées que par des aperçus partiels et incomplets.

Pour procéder avec méthode, nous vous ferons connaître successivement :

1° Les détails qui se rattachent à la construction définitive du chemin ;

2° Les résultats généraux de notre double exploitation sur Corbeil et sur Orléans ;

3° Les faits relatifs à l'organisation du matériel, au service des ateliers et des machines ;

4° Les voies et moyens qui ont été mis à notre disposition pour faire face à tous les besoins de l'entreprise, l'emploi que nous en avons fait et les ressources qui nous restent ;

5° Les propositions que nous avons cru utile de vous soumettre, et auxquelles votre assentiment peut seul donner un caractère définitif ;

6° Enfin l'historique des démarches que nous avons faites en vue d'obtenir les embranchements qui doivent compléter l'importance de notre double ligne.

CHAPITRE Ier.

Établissement du Chemin.

INGÉNIEUR EN CHEF ... **M. Jullien**, *Ingénieur en Chef des Ponts et Chaussées.*
INGÉNIEURS ORDINAIRES, **MM. Delerue, Mourlhon** et **Thoyot.**

§ Ier. — DES ACQUISITIONS DE TERRAIN ET DES INDEMNITÉS ACCESSOIRES.

Dans le rapport à l'assemblée générale, du 6 octobre 1842, la dépense des acquisitions de terrain et indemnités accessoires était évaluée à. . . . . 7,580,000 f. »

Mais depuis cette époque les évaluations premières ont été dépassées de 100,000 fr. environ sur les prix d'acquisition, et de 16,000 fr. sur les intérêts et accessoires ; d'un autre côté, quelques acquisitions nouvelles ont été nécessitées, tant pour ouvrir des accès de la gare de marchandises au quai d'Ivry, et de la gare de Corbeil à la Seine, que pour donner plus de pied aux talus du chemin sur certains points.

Par cette double cause, la dépense de ce chapitre se trouve augmentée d'une somme de. . 170,000 »

Elle est ainsi portée au chiffre de . . . . 7,750,000 »

D'autre part.		7,750,000 f. » c.

lequel se compose de la manière suivante :

Prix d'acquisition des terrains.	7,060,000 f. »	
Indemnités pour perte de récoltes, extraction ou dépôt de matériaux	430,000 »	
Dépenses accessoires de toute nature	260,000 »	
Somme égale	7,750,000 »	

Mais en déduction de cette somme viendra le montant du prix des terrains en excédant à revendre, dont l'évaluation doit être réduite aujourd'hui au chiffre de	575,000 »
La dépense finale sera donc de	7,175,000 »

Cette dépense totale de 7,750,000 francs s'applique à une quantité de 638 hectares de terrain qui peuvent se diviser en trois catégories différentes, savoir :

1° L'emplacement de la voie et ses dépendances utiles, gares et établissements de départ et d'arrivée ;

2° Les terrains fouillés pour fournir à la voie les remblais, la pierre et le sable. Encore bien que la conservation n'en soit pas utile, ils ne peuvent être revendus, soit parce qu'ils ont perdu toute leur valeur, soit parce qu'ils sont trop voisins du chemin de fer, soit enfin parce qu'ils offrent encore en matériaux quelques ressources utiles pour l'entretien ultérieur du chemin ;

3° Enfin les propriétés acquises en dehors des besoins du service pour obéir aux prescriptions de la loi et aux réquisitions des propriétaires expropriés, ou pour éviter des indemnités de morcellement trop considérables.

Ce sont les terrains d'excédant qui viennent d'être indiqués comme pouvant être revendus.

La première et la seconde catégorie comprennent environ	558 hec.	45 cent.
La troisième comprend seulement	80	»
Total égal	638	45 (1)

Dans cette quantité de 80 hectares pour les terrains à revendre, ne figurent plus aujourd'hui en totalité les 45 hectares qui, dans les rapports des 22 mars et 8 août 1840, étaient évalués 800,000 fr.

On calculait alors, comme n'étant pas nécessaires à la ligne de Corbeil, dont on s'occupait uniquement, tous les terrains qui avaient été acquis en vue des besoins de la ligne d'Orléans, dont l'exécution pouvait être abandonnée par la Compagnie en vertu de la loi du 1er août 1839.

Mais, depuis lors, 19 hectares environ de ces terrains, situés à Paris, Ivry et Juvisy, ont dû être conservés comme indispensables pour la ligne d'Orléans. Ces 19 hectares figuraient dans les comptes de 1840

(1) Prix moyen par hectare :

	Contenance.	Prix.	Prix moyen de l'hectare.
1° Intérieur de Paris, contenant la grande gare, ses dépendances et 800 mètres de ligne	7h 57	1,000,000 f.	132,100 f.
2° Commune d'Ivry, ateliers et gares diverses .	17 90	600,000	34,300
3° Ligne d'Ivry à Corbeil	138 47	2,630,000	19,000
4° Ligne de Juvisy à Dommerville, vallée de l'Orge et de la Juine jusqu'au haut de la rampe de l'Émery, y compris Étampes	282 62	2,584,000	9,180
5° La ligne de Dommerville à Orléans exclusivement, plaines de la Beauce et sablières	170 33	635,000	3,730
6° Orléans, comprenant la gare d'arrivée et ses dépendances.	21 56	301,000	13,960
Ensemble des deux lignes, *y compris* les sablières et les excédants, ci.	638 45	7,750,000 f.	12,139 f.
Ensemble des deux lignes, *non compris* les excédants à revendre.	558 45	7,175,000 f.	12,848 f.

comme ayant été achetés au prix de 536,000 fr., et pouvant être revendus . . . . 395,000 f. » c.

Par suite de la déduction de ces 19 hectares, le montant de l'évaluation des excédants à revendre sur la ligne de Corbeil, qui était de			800,000	»
s'est trouvé réduit à			405,000	»
A quoi joignant, pour 45 hectares sur la ligne d'Orléans, une valeur nouvelle de			170,000	»
on arrive à l'évaluation ci-dessus, soit			575,000	»
Sur le montant total de cette recette présumée, il a été encaissé	132,687 f.	68 c.		
Il est dû	105,802	26		
Total	238,489	94	238,489	94
Différence ou valeur des terrains restant à vendre.			336,510	06

Quant à la réalisation des actes d'acquisition, cette opération touche à son terme. Sur 2,600 vendeurs environ, 75 seulement ont mis la Compagnie dans le cas d'avoir recours au jury; les indemnités qui leur ont été allouées se sont élevées à 996,000 fr. On peut évaluer à 200 le nombre de ceux qui n'ont point encore reçu le solde de leur prix, encore bien que ce solde soit ou déposé chez les notaires, ou tenu à leur disposition dans la caisse de la Compagnie.

Ce retard a eu pour motif le défaut d'établissement régulier jusqu'à présent, de leurs droits de propriété.

Pour tout le reste, les actes sont signés, et ils contiennent les justifications les plus complètes qu'il soit possible d'espérer pour assurer la libération de la Compagnie.

La régularisation des actes non encore signés est poursuivie activement, et elle pourra être complétée dans un très-court délai, en raison de l'état d'avancement où ils se trouvent.

§ II. — DES TERRASSEMENTS ET DU BALLAST.

Des terrassements.

Le cube des terres qu'on a eu à fouiller pour l'exécution du chemin de fer de Paris à Orléans, avec embranchement sur Corbeil, est, abstraction faite des remaniememts que de pareils travaux nécessitent toujours, de . . . 4,926,633 m. cub.

Le cube des pierres extraites de nos tranchées, soit à la poudre, soit à la pince, est de . . . 184,439

Le cube total des déblais, en terres ou pierres, provenant de l'ouverture de nos tranchées et des emprunts qui ont été quelquefois nécessaires pour compléter des remblais, se trouve être ainsi de . . . . 5,111,072 m. cub.

Différents travaux supplémentaires ont été jugés indispensables pour consolider les terrassements du chemin de fer.

Ainsi, entre Juvisy et Bretigny, il a fallu revêtir de perrés en meulières la plus grande partie des talus de nos tranchées, qui, formées de terres glaiseuses, menaçaient à chaque instant de s'ébouler; sur plusieurs points, les perrés n'ont pas suffi pour arrêter les éboulements, et il a fallu leur substituer des murs de soutènement en pierres sèches.

Entre Lardy et Etampes, et dans la traversée du territoire de cette ville, une autre difficulté s'est présentée: les sables de grès très-fins, dans lesquels plusieurs tranchées sont creusées, ne se maintenaient pas suivant les talus à 45 degrés qu'on leur avait donnés; le vent les emportait et les amenait en grande quantité sur la voie, où ils auraient bientôt recouvert les rails, et où ils avaient en outre le grave inconvénient, quand ils étaient soulevés par le vent, d'incommoder les voyageurs, et de causer à nos machines des détériorations continuelles.

Pour remédier à ces inconvénients, on a été obligé de recouvrir les talus des tranchées avec des perrés en pierres sèches, sur les points où les fouilles avaient fourni de la pierre; dans les parties où la pierre manquait, et où l'on ne pouvait se la procurer qu'à des prix très-élevés, il a fallu adoucir les talus des tranchées, les porter à 1 1/2 de base pour 1 de hauteur, et les recouvrir d'une couche de terre végétale de 7 à 10 centimètres d'épaisseur, destinée à recevoir un semis de gazon.

La même précaution a dû, par des motifs semblables, être prise pour les talus de quelques remblais formés avec du sable fin, notamment pour les talus du grand remblai de la Louette et de la Chalouette, que l'on rencontre à la sortie d'Étampes, et qui a une hauteur de 18 mètres.

Dans la tranchée de Chamarande, on a rencontré des sables mouvants que des eaux de source entraînaient constamment; il a fallu, outre le revêtement en perrés, battre au pied des talus des lignes de pieux et de palplanches jointifs pour retenir les sables et les empêcher d'être emportés par les eaux.

Dans les grands remblais formés de terres glaiseuses, quelques éboulements se sont également manifestés. On a été obligé de consolider les pieds des talus de ces remblais au moyen de banquettes en terre, et quelquefois au moyen de murs de soutènement en pierres sèches. Les remblais qui, à cet égard, nous ont donné le plus de travail, sont ceux qu'on rencontre entre Savigny et Bretigny, dans la traversée des vallées de l'Yvette, de l'Orge, du Perray et de Saint-Michel.

Des travaux analogues, mais d'une moindre importance, ont été exécutés aux abords d'Orléans, où nous avons rencontré également des terrains de mauvaise qualité, formés de mélanges de sable et de glaise, dans lesquels des éboulements se produisaient à la suite de chaque forte pluie, dans les talus en déblai, comme dans les talus en remblai.

Au pied du coteau de Mons, qui se trouve à la sortie d'Ablon, entre les dernières habitations de ce village et la rivière d'Orge, il a fallu arrêter un mouvement général des terres vers la Seine. Le terrain naturel, sur lequel est établi le chemin de fer dans cette partie de son parcours, est formé de couches de glaise que des eaux souterraines faisaient glisser les unes sur les autres; on a pratiqué, entre le chemin de fer et le coteau, une galerie longitudinale souterraine, de 5 à 6 mètres de profondeur, et de 350 mètres de longueur, dans laquelle on recueille toutes les eaux qui descendent des terres du coteau, et où on les absorbe ensuite dans des puits creusés à cet effet au moyen d'une sonde artésienne, et descendant à une profondeur de 20 à 25 mètres.

Enfin, il a fallu, dans le cours de l'exécution du chemin, faire sur quelques points, notamment dans les tranchées du Perray et de Bretigny, des travaux d'épuisement et d'assainissement pour la mise à sec des terrains, dans lesquels des eaux de sources abondantes entravaient constamment les transports de nos déblais.

Si nous mentionnons ici tous ces travaux, ce n'est pas pour en faire ressortir l'importance, car des travaux analogues ont été nécessaires sur tous les chemins de fer exécutés jusqu'à ce jour; mais il importe d'expliquer que les terres dont ces travaux accessoires ont nécessité le maniement, ne figurent pas dans le cube total de nos terrassements, et ont dû ainsi contribuer à augmenter le prix moyen du mètre cube.

Ces explications étaient nécessaires pour bien faire comprendre ce que nous entendons par le prix moyen d'un mètre cube de terrassement : nous faisons entrer dans le chiffre de nos déboursés toutes les dépenses relatives aux travaux de terrassements; nous ne comprenons, au contraire, dans le cube donné plus haut, que les terres qui ont été fouillées pour l'exécution du chemin de fer proprement dit et pour la construction de ses travaux d'art, en faisant abstraction de tout remaniement et de tout travail accessoire.

Nous pouvons maintenant établir ainsi qu'il suit le décompte de nos terrassements :

Pierres extraites de nos fouilles à la poudre (bloc de grès et de

meulières), y compris débitage de la pierre et transport aux lieux de dépôt en dehors de la ligne, 119,188 mèt. cubes à 3 fr. 50 c. l'un.	417,158 f.	» c.
Pierres extraites à la pince, pierres calcaires formant des petits bancs, y compris débitage de la pierre et transport aux lieux de dépôt, en dehors de la ligne, 65,251 mèt. cub. à 2 fr. l'un	130,502	»
Façon des perrés et des murs de soutènement, y compris transport, des lieux de dépôt à pied d'œuvre, 46,300 mèt. cub. à 3 fr. 80 c. l'un . . .	175,940	»
Terrassements ordinaires, dont plus de moitié en terres d'un piochage difficile, compris fouille et charge, transport du déblai au remblai, soit par brouettes, soit par voitures, soit par wagons, sur des chemins de fer provisoires, régalement des terres et dressement des talus et fossés, 4,926,633 m. cub. à 1 fr. 532 m. l'un.	7,542,675	12
Appoint pour arriver au chiffre exact de notre dépense de terrassements.	3,714	61
Le total de la dépense de terrassements est de .	8,269,989	73

Du ballast.

La dépense pour l'établissement du ballast s'est élevée en totalité, y compris l'achat des wagons nécessaires aux transports, à	2,341,097	70
Dont il faut déduire la somme que produira la revente des quatre cents vieux wagons employés aux transports du ballast, somme que l'on estime devoir s'élever à environ	175,000	»
La dépense du ballast sera ainsi réduite à. . .	2,166,097	70

On peut présenter le compte de cette dépense ainsi qu'il suit :

La longueur du chemin entre Paris et Orléans est de	121,067 mèt.	
La longueur de l'embranchement de Juvisy à Corbeil est de . . .	11,620	
Longueur totale de la double voie principale	132,687 mèt.	
qui représente une longueur de simple voie de.		265,374 mèt.
A laquelle il faut ajouter la longueur des voies accessoires établies dans nos différentes stations pour le service des ateliers et des dépôts de machines; — pour le service des gares de marchandises et des remises de voitures; — pour l'embarquement et le débarquement des chaises de poste et des diligences; — pour les gares d'évitement;—pour les changements de voies;— pour l'exploitation des sablières servant à l'entretien du chemin, voies accessoires dont le développement total présente une longueur supplémentaire de simple voie, de		19,100
Longueur totale développée des voies principales et accessoires.		284,474 mèt.

Or, il entre par mètre courant de double voie un cube de ballast d'environ 4 mètres (la largeur moyenne étant de 8 mètres, et l'épaisseur réduite, eu égard aux rechargements que nécessitent les tassements des remblais, étant de $0^{m},50$), soit par mètre courant de simple voie, 2 mètres cubes.

Le cube du ballast employé a donc été de. . 568,948 mèt. cub.

La dépense totale étant de. . . . . . 2,166,097 f. 70 c.

le prix moyen du mèt. cub. du ballast, rendu sur place, sera de 3 f. 81 c.

Ce prix est élevé; mais on doit remarquer que le chemin d'Orléans s'est trouvé dans des conditions fâcheuses pour l'approvisionnement de son ballast. Il a fallu en général, notamment sur la plus grande partie du plateau de la Beauce, aller chercher le sable dans des carrières éloignées de la ligne et très-écartées les unes des autres; sur une partie du parcours, d'une longueur d'environ 24,000 mètres, il a fallu même substituer au sable de la pierre cassée.

La ligne de Paris à Corbeil, seule, a été favorisée ; les sablières se sont trouvées partout à proximité du chemin, et ont contribué à faire descendre le prix moyen du ballast au taux que nous avons indiqué ci-dessus.

Si l'on voulait, dans l'évaluation de ce prix moyen, distinguer la ligne de Paris à Corbeil de la ligne de Juvisy à Orléans, on trouverait que, pour la première, le prix moyen a été de. . . 2 f. 14 c.
et pour la seconde, de 4 35

On voit quelle différence peut apporter dans le prix du ballast la position, par rapport à la ligne, des carrières ou sablières qui le fournissent.

§ III. — DES OUVRAGES D'ART.

Le total de la dépense relative à ce chapitre s'est élevé à la somme de. . . . . 4,530,226 f. 88 c.

Il nous serait difficile de rendre ici un compte détaillé de cette dépense, sans sortir des bornes ordinaires d'un rapport; nous nous contenterons donc de reproduire avec plus de détails et d'exactitude, tous nos travaux étant terminés, la nomenclature de nos ouvrages d'art telle que nous vous l'avons déjà présentée dans notre rapport du 6 octobre 1842.

Les travaux d'art exécutés sur la ligne de Paris à Orléans et sur l'embranchement de Corbeil se composent de :

1° Quatre grands viaducs à la traversée des rivières de l'Yvette et de l'Orge, près de Villemoisson, de la Louette et de la Chalouette, près d'Étampes.

Le premier de ces viaducs est à trois arches, le second à cinq arches, et les deux derniers à deux arches ; l'ouverture de chacune des arches est de 7 à 8 mètres ; la hauteur de ces viaducs varie de 14 à 20 mètres ;

2° Deux ponts en fonte accolés, de quatre travées chacun, construits à la sortie de Paris, pour le passage, au-dessus du chemin de fer, du chemin de ronde et du boulevart extérieur ;

3° Un viaduc à Choisy-le-Roi, composé de huit travées en fonte, de 6 mètres d'ouverture chacune, avec piles et culées en maçonnerie et tablier en bois ;

4° Trois ponts sur la rivière d'Orge, le premier à Petit-Mons, le deuxième à Châtillon et le troisième à Juvisy ; ces trois ponts sont formés chacun de deux arches en maçonnerie et en plein cintre de 6 mètres d'ouverture ;

5° Quatre ponts de quelque importance pour le passage du chemin de fer au-dessus ou au-dessous de quatre routes royales : une fois à Juvisy, sous la route royale n° 7, de Paris à Antibes ; deux fois à Etrechy et à Angerville, au-dessus de la route royale n° 20, de Paris à Toulouse ; et une fois à Étampes, au-dessus de la route royale n° 191, de Mantes à Corbeil ;

6° Trois aqueducs sous le chemin de fer, sous des remblais de 12 à 15 mètres de hauteur, pour le passage par-dessous le chemin de fer de trois cours d'eau, les ruisseaux de Saint-Michel, de Bretigny et des Corps-Saints ;

7° Quatre ponts de grandes dimensions pour le passage, sous le chemin de fer, d'une route départementale, à Épinay, et de trois chemins vicinaux de grande communication, à Ablon, au Perray, et à Monnerville ;

8° Un pont de 8 mètres d'ouverture pour le passage du chemin de fer au-dessus du canal qui met en communication la gare de Choisy avec la Seine.

9° Vingt-huit ponts en maçonnerie et en plein cintre, de 2 à 4 mètres d'ouverture, sous le chemin de fer, pour la desserte de chemins vicinaux ou particuliers et pour l'écoulement des eaux ;

10° Cinquante et un petits ponts en maçonnerie et en plein cintre, de 0m,70 à 2 mètres d'ouverture, pour le passage des piétons et des eaux;

11° Quatre-vingt-un ponts par-dessous le chemin de fer, avec poutres en fonte ou en charpente et tabliers en bois, d'une ouverture de 2 à 4 mètres, destinés à la desserte des chemins et à l'écoulement des eaux ;

12° Douze tuyaux en fonte ou en plomb, pour le passage de petits cours d'eau sous le chemin de fer ;

13° Vingt-trois ponts de 4 mètres de largeur, établis par-dessus le chemin de fer, pour la desserte d'autant de chemins; ces ponts ont leurs culées en maçonnerie et leurs tabliers en charpente;

14° Onze passerelles en charpente, pour piétons, de 1m,50 à 2 mètres de largeur, construites par-dessus le chemin de fer, pour desservir des sentiers ou des communications particulières ;

15° Enfin, cent et un passages à niveau :

dont 1 sur une route royale à Choisy-le-Roi,
5 sur des routes départementales,
86 sur des chemins vicinaux ou de desserte,
9 sur des sentiers pour piétons.

Tel est le résumé de nos travaux d'art. Les comptes dressés par notre ingénieur en chef présentent le prix de chacun de ces ouvrages ; mais il nous a paru inutile d'en reproduire ici le détail.

§ IV. — DE L'ÉTABLISSEMENT DE LA VOIE.

Le mètre courant de simple voie, pour la fourniture des matériaux et la main-d'œuvre de la pose, peut, non compris le ballast dont il a été question plus haut, s'estimer ainsi :

Fourniture de bois de chêne pour traverses, livrés aux ports de la Seine, à Paris, Juvisy, Corbeil, ou aux ports de la Loire, à Orléans, à

74 f. 50 c. le mètre cube (prix moyen des lignes d'Orléans et de Corbeil). $0^m,105$, à 74 fr. 50 c., font. . . . . 7 f. 82 c.

Coltinage des bois, des ports de débarquement aux chantiers de la Compagnie situés à proximité de ces ports, débitage des bois, équarrissage et sabottage des traverses, à 10 fr. par mètre cube. $0^m,105$, à 10 fr., font. 1 05

60 kilogrammes de rails, à 392 fr. la tonne (prix moyen des lignes d'Orléans et de Corbeil), ou à 0 fr. 392 le kilogramme. 23 52

$21^k,20$ de fonte pour coussinets, à 307 fr. la tonne (prix moyen des lignes d'Orléans et de Corbeil), ou à 0 f. 307 le kilogramme. 0 76

$1^k,20$ de chevillettes, à 0 fr. 63 le kilogramme (prix moyen). 0 76

$2^k,22$ coins en bois de chêne, à 0 fr. 19 le coin. . . . 0 42

Total pour la fourniture des matériaux par mètre courant de simple voie. . . . . 40 f. 08 c.

Le poids des rails, traverses, sabots, chevillettes et coins, entrant dans un mètre courant de voie, est d'environ 200 kilogrammes; il a fallu transporter ces matériaux des ports de livraison, situés à Paris, Juvisy et Corbeil pour la Seine, et à Orléans pour la Loire, dans les chantiers de dépôts placés sur la ligne. (Ces transports auraient été moins dispendieux pour un chemin de fer qui aurait eu un fleuve ou un canal navigable à sa proximité.)

Ce transport, qui s'est fait par des voitures à une distance réduite de 6 à 7 lieues, est revenu, eu égard à l'obligation pour le voiturier de faire son retour la plupart du temps à vide, à 9 francs la tonne, soit, pour 200 kilogrammes par mètre courant, à. 1 80

Transport des matériaux des chantiers de dépôt à pied

A reporter. 41 88

Report. 41 88

d'œuvre ; pose provisoire d'une voie pour le transport du ballast par wagons; relèvement de cette voie et pose définitive de la seconde voie après le répandage du ballast ; pose de différentes voies de service pour les transports de quelques terrassements et du ballast. . . . . 2 »

Frais généraux pour les employés chargés, soit dans les usines, soit sur la ligne, de la réception des rails, sabots, traverses et chevillettes ; location, clôture, garde et surveillance des chantiers de dépôt placés sur la ligne pour l'approvisionnement des matériaux ; relèvement et entretien de la voie par suite des premiers tassements pendant l'exécution des travaux. 1 12

Prix du mètre courant de simple voie, non compris le ballast (1). . . . . 45 f. 00 c.

La longueur développée de nos voies principales et accessoires est, ainsi que nous l'avons dit à propos du ballast, de. . 284,474 mèt.

Ce qui, à 45 fr. le mètre courant, représente une dépense de. . . . . 12,801,330 f. » c.

Nous avons ensuite dépensé pour l'établissement des changements et croisements de voie, savoir :

Pour 149 croisem. à 1,050 f. l'un. 156,450 f. »
Pour 128 chang. à 1,250 f. l'un. 160,000 » } 316,450 »

(Ces prix comprennent la valeur des rails et

A reporter. . . . 13,117,780 »

(1) Le prix des rails et des sabots ayant sensiblement diminué depuis l'époque où nos marchés ont été passés, il y aurait lieu, pour un chemin nouveau, d'espérer une réduction sur ce chiffre ; cependant, comme on peut aussi avoir des augmentations à craindre, soit sur le prix des bois, soit sur le poids des rails, soit enfin sur les conditions des transports, il ne faudrait pas, en général, compter sur une diminution notable.

Report.		13,117,780 »
supports et des châssis en charpente, et toute main-d'œuvre d'établissement et de pose.)		
Puis, pour 110 plates-formes en fonte, dont : 43 pour locomotives, 46 pour diligences, 21 pour wagons.		
Fourniture et pose.		456,000 »
La valeur des contre-rails et supports doubles qui ont été employés dans les passages à niveau peut s'estimer ainsi :		
Pour 92 passages de voitures, à 450 fr. l'un	41,400 f. »	42,480 »
Pour 9 passages de piétons, à 120 fr. l'un.	1,080 »	
Total . . .		13,616,260 f. »

On n'a pas compris dans ce chiffre la valeur des matériaux approvisionnés d'avance pour l'entretien de la voie, montant à 171,206 f. 34 c.

En résumé, tous les travaux qui se rattachent à la construction et à l'établissement du chemin de fer de Paris à Orléans avec embranchement sur Corbeil, ont coûté, non compris les acquisitions de terrains,

Savoir :

Terrassements	8,269,989 f.	73 c.
Ballast.	2,166,097	70
Travaux d'art.	4,530,226	88
Établissement de la voie.	13,616,260	00
Total.	28,582,574 f.	31 c.

§ V. — CONSTRUCTIONS DIVERSES.

Les dépenses relatives aux constructions accessoires peuvent se résumer ainsi :

1° Gares des voyageurs.

1° Gare de voyageurs de Paris, compris hangars d'embarquement et de débarquement des voyageurs, remises pour les voitures, salles d'attente, bureaux, salles de bagages au départ et à l'arrivée, salles de l'octroi et du commissariat de police, trottoirs pour le chargement et le déchargement des chaises de poste, pavage des cours de départ et d'arrivée et des rues aux abords de la gare, grilles et murs de clôtures, cours d'embarquement et de débarquement des diligences, fondation des plates-formes tournantes, éclairage au gaz, écuries pour le service des omnibus, distribution d'eau pour le lavage des voitures	1,160,500 f. 96 c.
2° Maison d'administration de la Compagnie à Paris.	283,624 97
3° Gare de voyageurs de Corbeil, comprenant à peu près les mêmes accessoires que la gare de Paris, mais sur une plus petite échelle. . . .	446,473 10
4° Gare de voyageurs d'Orléans, comprenant les mêmes accessoires que la gare de Paris, mais sur une plus petite échelle.	440,900 »
5° Gare de voyageurs d'Étampes, avec ses dépendances.	157,873 »
6° Stations intermédiaires de voyageurs, au nombre de 17, sur les lignes d'Orléans et de Corbeil.	275,375 55
Total pour les gares de voyageurs, dépendances accessoires et abords compris.	2,764,747 f. 58 c.

2° Gares des marchandises.

1° Gare de marchandises de Paris, compris les cours et les rues d'arrivée, avec l'extension qu'on doit lui donner prochainement.	530,079 f.	97 c.
2° Gare de marchandises d'Orléans. . . .	229,442	50
3° Gare de marchandises d'Etampes. . . .	66,242	50
4° Gare de marchandises intermédiaires faites ou restant à faire, au nombre de huit : Épinay, Saint-Michel, Marolles, Lardy, Etrechy, Angerville, Toury et Chevilly	159,350	»
Total pour les gares de marchandises . . .	985,114 f.	97 c.

3° Ateliers et dépôts de machines.

1° Ateliers d'Ivry pour la construction et la réparation des machines et des voitures, non compris l'outillage. . . .	510,282 f.	40 c.
2° Dépôt de machines à Paris	137,869	67
3° Petit atelier et dépôt de machines à Orléans.	116,000	»
4° Dépôt de machines à Etampes	127,300	»
5° Dépôt de machines à Corbeil.	72,972	11
6° Dépôts de machines à Saint-Michel et à Toury	40,000	»
Total pour les ateliers de réparation et dépôts de machines.	1,004,424 f.	18 c.

4° Dépenses pour l'alimentation des machines.

Forage de puits artésiens à Saint-Michel, à Etampes et à Paris. Prise d'eau dans la Juine, à Etampes; dans l'Orge, à Saint-Michel;

dans la Seine, à Corbeil. Etablissement de grues hydrauliques à toutes les stations où l'on doit prendre de l'eau. . 222,572 f. 82 c.

5° *Dépenses pour les clôtures* de la ligne en treillage de diverses espèces. . . . . . . 297,071 f. 78 c.

6° *Dépenses pour plantation* de haies vives et ensemencement des talus. . . . . 223,999 f. 39 c.

7° *Dépenses diverses* pour des mâts de signaux, pour des puits à Toury et à Orléans, pour des poses de guérites et pour différents menus travaux. 49,426 f. 34 c.

Récapitulation des dépenses de constructions diverses.

1° Gares de voyageurs.	2,764,747 f.	58 c.
2° Gares de marchandises.	985,114	97
3° Ateliers et dépôts de machines.	1,004,424	18
4° Alimentation des machines.	222,572	82
5° Clôtures de la ligne en treillages de diverses espèces.	297,071	78
6° Plantation de haies vives et ensemencement de talus.	223,999	39
7° Dépenses diverses.	49,426	34
Dépense totale.	5,547,357 f.	06 c.

Nous ne saurions payer un trop large tribut d'éloges à l'habile ingénieur qui a dirigé ces travaux. Son activité en a de beaucoup abrégé la durée, et les rares qualités qui le distinguent ont puissamment contribué au succès de l'entreprise tout entière. C'est avec un vif regret que nous avons vu approcher le moment d'une séparation qui, du reste, ne s'est pas accomplie sans que le Conseil témoignât à M. Jullien toute l'estime qu'il a pour sa personne et toute la reconnaissance qu'il conserve pour ses services (1).

(1) Conformément au traité passé dès l'origine de notre Société, une somme de 100,000 fr. a

Un des ingénieurs distingués placés sous ses ordres, M. Mourlhon, demeure chargé de la surveillance et de l'entretien du chemin de fer.

Cet ingénieur se recommandait à notre choix par un zèle éprouvé et une connaissance toute particulière du service dont il a l'inspection.

été comptée à M. Jullien, à l'ouverture du chemin d'Orléans, savoir : 50,000 fr., à titre de dédommagement, pour la perte des avantages qu'il aurait pu trouver dans les ponts et chaussées, et 50,000 fr., à titre de prime, pour avoir achevé le chemin avant le 31 décembre 1843. Une indemnité de 10,000 fr. a été payée à la même époque, à M. Warmont, conducteur des ponts et chaussées, attaché au service de M. l'ingénieur en chef, conformément à l'engagement également pris envers lui lors de son entrée dans la Compagnie.

CHAPITRE II.

Exploitation.

Nous avons pensé qu'il pouvait être intéressant de remettre sous vos yeux, comme point de départ nouveau, les documents sur lesquels, à l'origine de l'entreprise, notre confiance dans l'avenir s'était fondée, et de comparer nos prévisions avec les faits réalisés, bien que ces faits ne puissent encore constituer une condition normale et régulière au double point de vue des recettes et des dépenses.

Deux enquêtes contradictoires, ordonnées à des époques différentes par le Conseil d'administration, et faites avec le plus grand soin, avaient constaté qu'avant l'établissement du chemin de fer la circulation annuelle sur la double ligne de Paris à Corbeil, et de Paris à Orléans, se répartissait ainsi qu'il suit :

Ligne de Paris à Corbeil.	540,000	voyag.	30,000	tonnes de march.
Ligne de Paris à Orléans.	250,000	—	170,000	—
Totaux.	790,000	—	200,000	—

Les recettes correspondantes étaient évaluées à.. 4,818,000 f. » c.

Savoir :

Ligne de Corbeil.—Voyageurs...	743,000 f. » c.	
Marchandises.	126,000 »	
Total.....	869,000 f. » c.	

D'autre part. . . . . 4,818,000 f. » c.

Ligne d'Orléans.—Voyageurs. .	1,393,000 f. » c.	
Marchandises.	2,498,000 »	
Menu bétail .	58,000 »	
Total. . .	3,949,000 f. » c.	

Pour les dépenses, on supposait qu'elles s'élèveraient à 50 0/0 de la recette de tous les voyageurs, comme aussi des marchandises appartenant à la ligne de Corbeil, dont le transport ne nécessiterait pas de trains spéciaux.

Et à 66 0/0 de la recette des marchandises appartenant à la ligne d'Orléans.

Soit : total . . . 2,818,000 f. » c.

D'où il suit que le bénéfice annuel de l'entreprise sur la circulation existante était supposé devoir être de. . . . . 2,000,000 f. » c.

Appréciant en même temps l'accroissement de circulation qui devait résulter de la voie de fer, nous n'avions pas hésité à admettre que nos produits nets devaient s'élever à 3 millions de francs par année.

A côté de ces prévisions, plaçons les résultats de l'expérience (1).

Voyageurs. — En ce qui touche le transport des voyageurs, nos calculs ont été dépassés, non-seulement sur la ligne d'Orléans, mais encore sur celle de Corbeil.

La moyenne des transports annuels sur cette ligne a été de 813,000 voyageurs. Ce résultat est d'autant plus remarquable, que nous avons eu à lutter contre la concurrence des bateaux à vapeur qui exploitent la Seine, depuis Montereau jusqu'à Paris, et qui ne transportent pas moins

(1) Voir aux annexes, page 123, le Tableau des recettes et dépenses de l'exploitation depuis le 20 septembre 1840 jusqu'au 31 décembre 1843.

de 120,000 voyageurs par année. Il faut observer en outre que la ligne d'Orléans a dû nécessairement enlever à celle-ci un certain nombre de voyageurs qui venaient autrefois prendre le chemin de fer aux stations de Corbeil et de Châtillon.

Sur la ligne d'Orléans, le mouvement paraît devoir s'élever à plus de 600,000, ce qui s'explique par la position centrale d'Orléans, et par l'empressement que les différentes entreprises de messageries ont mis à nous amener les voyageurs de tous les services, même des services indirects, tels que Lyon, Nantes, etc.

Marchandises. — La comparaison entre les enquêtes et les faits réalisés n'est pas, jusqu'à présent du moins, aussi satisfaisante en ce qui concerne le transport des marchandises.

D'après les enquêtes, nous devions transporter 200,000 tonnes par an, savoir :

Ligne de Corbeil.	30,000 tonnes.
Ligne d'Orléans.	170,000 »

Nos transports sur la ligne de Corbeil ne se sont pas élevés, y compris les excédants de bagages et les articles de messageries, à plus de 12,000 tonnes en moyenne.

Sur la ligne d'Orléans, la disproportion, quoique moins considérable, est grande encore. Le transport de la marchandise, sur la ligne d'Orléans, a été de 33,000 tonnes; mais il convient d'observer que le service de la marchandise n'a réellement commencé qu'au mois de septembre dernier. Par conséquent, les faits accomplis n'ont pas encore assez d'autorité pour qu'on puisse les invoquer comme termes de comparaison.

Quelques explications sont en outre nécessaires pour justifier les différences importantes qui ont été constatées sur ces deux lignes.

Ligne de Corbeil. — Parmi les marchandises sur lesquelles s'étaient appuyées les enquêtes, on trouve au premier rang les farines de Corbeil et de la vallée de l'Essonne; puis les tourbes et les papeteries d'Essonne et d'Echarcon.

Nous ne pouvons guère prétendre au transport de ces derniers produits, comptés pour 5,000 tonnes; le trajet qu'ils auraient à parcourir est trop court, et les frais de camionnage du lieu de production à la gare de Corbeil, et de la gare de Paris à destination, sont trop élevés pour que le commerce se décide à nous les livrer. Il a intérêt à conserver l'ancien mode de transport avec les chevaux et les voitures de la localité.

Quant aux farines, comptées pour environ 20,000 tonnes, nous transportons toutes celles de la vallée de l'Essonne, c'est-à-dire le tiers environ de la quantité totale. Mais nous n'avons que pour une très-faible partie, et très-accidentellement, les farines provenant des usines de Corbeil. Ces établissements communiquant avec la Seine, le propriétaire peut charger directement dans les usines mêmes, et économiser ainsi les dépenses de camionnage au point de départ et au point d'arrivée.

Le transport des marchandises sur la ligne de Corbeil ne se présenterait pas, comme on voit, dans la situation actuelle des choses, sous un aspect très-favorable. Il nous importe donc que cette ligne soit prolongée, comme nous avons lieu d'espérer qu'elle le sera; par là, elle deviendra sérieusement productive, car bien certainement la plus grande partie, sinon la totalité des 120,000 voyageurs qui se servent aujourd'hui des bateaux à vapeur, recourront alors au chemin de fer.

Ligne d'Orléans. — Bien que le chemin de fer touche à la Loire, on ne peut s'empêcher de reconnaître qu'il se trouve dans une condition défavorable vis-à-vis des canaux, dont les bas tarifs continuent à retenir les arrivages de la haute Loire, et même une grande partie de ceux de la basse Loire. Il faut considérer aussi que beaucoup de marchandises qui traversent Orléans viennent de plus loin et ne doivent même pas s'arrêter à Paris. On comprend dès lors que le commerce cherche à éviter les frais d'un double transbordement, à Orléans et à Paris, et ne soit guère touché d'une économie de quelques heures pour des marchandises qui ne comportent pas une expédition très-accélérée.

Enfin, une industrie aussi ancienne et aussi fortement organisée que le roulage ne modifie pas facilement ses habitudes.

En tenant compte de toutes ces causes, on s'explique le résultat que nous avons signalé, résultat qu'il est impossible d'attribuer à l'action des tarifs, puisque nos prix sont notablement inférieurs, non-seulement à ceux qui sont portés au tarif légal (1), mais encore à ceux qui sont demandés sur la route ordinaire. Pour résoudre le problème, il suffira ici, comme sur la ligne de Corbeil, que notre voie soit prolongée.

On partagera ainsi avec les canaux l'avantage qu'ils ont seuls aujourd'hui de pénétrer jusqu'aux lieux de production, et l'industrie des transports sera appelée à profiter dans une mesure plus large des facilités que lui offrira notre chemin.

Au surplus, la prépondérance des entreprises de chemin de fer est si grande, lorsqu'elles se trouvent placées dans des conditions égales à celles de leurs concurrents, que, du moment où notre service a été organisé, tous les produits des points intermédiaires nous ont été acquis. Ainsi, nous transportons toutes les farines de la vallée d'Etampes, les grains de la Beauce, les laines, le lait, le menu bétail, etc.

C'est donc au-delà de nos limites actuelles que nous devons chercher l'aliment qui manque encore. Déjà nous avons traité, à des conditions réciproquement avantageuses, avec la plupart des commissionnaires de roulage qui font les transports accélérés pour Bordeaux et l'Espagne, pour le centre et le midi de la France. Nous avons traité également avec les bateaux remorqueurs de la haute et basse Loire. Nous étudions la question relative au transport des bestiaux ; des ordres sont donnés pour la construction du matériel nécessaire, et bientôt nous pourrons ajouter cette branche nouvelle à notre exploitation générale.

Des Recettes. — L'exposé qui précède nous amène naturellement à

(1) 10 à 15 c. réclamés du commerce, au lieu de 16 à 20.

comparer les transports effectués avec leurs résultats en argent. Nous parlerons d'abord des recettes.

L'avantage que présente le transport des voyageurs sur celui des marchandises provient de ce que le transport des voyageurs se prête à des tarifs élevés, tandis que le transport de la marchandise ne peut s'accommoder que des prix les plus bas. D'où il suit que les chemins de fer où le trafic des voyageurs prédomine, sont placés dans la condition la plus favorable. Cette condition est heureusement la nôtre, et l'expérience que nous avons acquise par trois années d'exploitation sur la ligne de Corbeil, nous a permis, dès l'ouverture du chemin d'Orléans, d'appliquer aux voyageurs le maximum de nos tarifs, qui, toutefois, laissent encore subsister une économie notable sur le prix de la route de terre.

Des Dépenses. — Il y a pour toutes les industries qui commencent un tribut à payer à l'expérience ; elles ne se fondent pas d'un seul jet ; leur installation est souvent lente, laborieuse, et les tâtonnements d'un début entraînent nécessairement des dépenses qui pèsent sur les premiers produits.

C'est là une vérité qui s'applique généralement à toutes les entreprises, mais qui s'applique surtout aux entreprises de chemins de fer. Non-seulement cette industrie nouvelle n'a pas encore fait tous les progrès auxquels elle est appelée, mais les hommes qui l'exercent sont eux-mêmes obligés de conquérir pas à pas les connaissances qu'elle exige. Il n'est pas de Compagnie qui n'ait dû faire à ses frais l'éducation pratique de ses employés, avant de pouvoir se promettre de leurs services cette utilité complète qui est, avant tout, le fruit du temps. Or, on peut se faire une idée de ce que cette éducation doit coûter, si l'on considère qu'elle est indispensable à tous les degrés de la hiérarchie, depuis le grade le plus élevé jusqu'aux plus humbles fonctions.

Un bon personnel d'exploitation ne s'improvise donc pas. Un bon chemin ne s'improvise pas davantage.

Ce serait, en effet, une grande erreur de croire que parce qu'une ligne vient d'être livrée à la circulation, elle soit dès ce moment achevée, et ne doive plus entraîner que de simples dépenses d'entretien. La voie qui est la base de l'exploitation a, elle aussi, des progrès à faire. Elle n'arrive à une entière consolidation que graduellement et en subissant l'épreuve de plusieurs saisons. Jusqu'à ce qu'elle ait obtenu cette consistance définitive que donne l'usage, elle demande des soins incessants, des réparations de chaque jour, des sacrifices fréquents et parfois considérables.

Telle est la condition des chemins de fer à leur début. Aussi l'administration belge a-t-elle eu raison de placer parmi les dépenses de construction de ses chemins les frais d'exploitation et d'entretien des deux premières années ; elle a pensé fort sagement que ce délai était rigoureusement nécessaire pour donner à ses travaux le temps de prendre une assiette durable, à ses employés le temps de se familiariser avec les exigences et les dangers du service. C'est également par ce motif que l'ordonnance royale du 10 octobre dernier a statué que les recettes et les dépenses de 1843 seraient confondues dans le capital de premier établissement, et que, pendant l'exercice 1844, les trois cinquièmes des dépenses d'entretien de la partie du chemin comprise entre Juvisy et Orléans seraient comptés dans les frais de construction.

La comparaison des recettes avec les dépenses ne peut donc encore être, de notre part, l'objet d'une appréciation certaine. Il ne faut pas perdre de vue, d'ailleurs, que cette comparaison devrait s'appliquer particulièrement aux faits accomplis sur la ligne de Corbeil ; or, ce n'est pas en vue de cet embranchement que l'entreprise a été fondée. Faisons remarquer, cependant, que les deux principaux éléments de la dépense, l'entretien de la voie et les frais de traction, se sont améliorés d'année en année, dans une proportion sensible, à mesure que la voie s'est consolidée et que nos mécaniciens ont acquis plus d'expérience. Les mêmes améliorations se produisent déjà sur la ligne d'Orléans, et vous trouverez dans le tableau de nos prévisions pour l'exercice 1844, que nous imprimerons à la suite de ce rapport, les motifs de notre confiance dans l'avenir (1).

D'après ce tableau, les dépenses doivent s'élever, y compris le service de l'emprunt, à. . . . . 2,978,120 fr. » c.

Et les recettes, à . . . . 6,058,250 »

(ce qui suppose une recette moyenne de 16,800 f. par jour).

Le bénéfice net serait donc de . . . . . . 3,080,130 fr. »

soit 80,130 fr. de plus que le chiffre qui vous était annoncé comme probable dans le rapport du 22 mars 1840. Il représente 7.70 pour cent du capital social de 40 millions, et donnera, déduction faite de 1 0/0 pour l'amortissement, 6.70 0/0, soit 33 fr. 50 par action, pour intérêts et dividende.

Le rapport réel de la dépense à la recette est de 44.45 0/0. S'il ressort dans le budget à 49.15 0/0, c'est uniquement que le service de l'emprunt se trouve compris dans les dépenses. Or, tout le monde sait que l'emprunt n'est pas une dépense effective de l'exploitation, mais bien une addition au capital social, et que les charges qu'il nous impose sont extraordinaires et temporaires.

Vos administrateurs ont sans doute lieu de s'applaudir de ce résultat. Il justifie leurs prévisions et les dédommage de toutes leurs peines; car leur plus vif désir a toujours été que ceux qui ont eu confiance dans leur dévouement ne vissent pas leur attente trompée. Toutefois, ce résultat n'a rien d'exagéré, quand on songe qu'il a été acquis par près de six années de travaux, et que l'État, ainsi que le public, recueille de notre entreprise des avantages bien autrement considérables.

Nous ne devons pas vous dissumuler que les recettes obtenues dans les premiers mois de l'exercice courant (du 1er janvier au 25 mars) sont

(1) Voir aux annexes, page 135, le Budget des recettes et dépenses pour l'exercice de 1844.

inférieures de 138,715 fr. 19 c. à nos prévisions, qui, sans terme de comparaison, avaient été fixées à 14,000 fr. par jour pour les mois de janvier et de février, et à 16,000 fr. pour le mois de mars. Mais à partir du mois de mai, nos évaluations ont eu une base connue; nous les avons établies d'après les produits obtenus en 1843; et il est à croire que les recettes de 1844 se ressentiront de l'amélioration qu'amène en général la seconde période d'une exploitation.

D'un autre côté, vous ne pouvez pas douter que le Conseil ne continue à faire tous ses efforts pour que les dépenses restent au-dessous des chiffres portés en prévision. En résumé, nous restons convaincus que les données générales du budget de 1844 seront pleinement réalisées.

Pour ne rien omettre ici de ce qui peut vous intéresser, nous mentionnons, avant de finir ce chapitre, quelques accidents arrivés sur notre ligne. Deux voyageurs ont péri par suite de cette fatalité contre laquelle toutes les précautions humaines sont impuissantes : ce sont les seuls dont on ait à regretter la perte sur un mouvement de 3,292,423 voyageurs qui ont été transportés, du 20 septembre 1840 au 25 mars 1843. Nos travaux de construction et d'exploitation ont occasionné des blessures, et même coûté la vie à quelques ouvriers et employés; ceux-ci ont eu le malheur de subir les chances d'une profession qui n'est pas sans périls ; mais, dans toutes ces circonstances, la Direction, c'est une justice à lui rendre, n'a aucune négligence à se reprocher ; toujours attentive aux moindres détails du service, elle a sévèrement tenu la main à l'exécution des règlements qui, eux-mêmes, offraient toutes les garanties de bon ordre et de prudence.

Quand ce n'eût pas été pour l'Administration un devoir d'humanité de surveiller l'exploitation avec une infatigable sollicitude, elle l'eût fait par calcul et par intérêt, car les accidents sont pour les Compagnies des causes de dommages et de sacrifices souvent considérables.

Du reste, si les accidents qui surviennent sur les chemins de fer font tant de bruit, c'est qu'ils se rattachent à un mode de transport tout nouveau, sur lequel la curiosité et, on peut le dire jusqu'à un certain point, la malignité publiques ont aujourd'hui les yeux ouverts. Mais, en définitive, il n'y a lieu ni de s'en étonner ni de s'en effrayer. Tous les moyens de locomotion sont sujets à des éventualités analogues ; et si l'on mettait en regard, d'un côté, le nombre si important des voyageurs qui circulent sur les chemins de fer avec le chiffre des accidents auxquels donne lieu cette circulation énorme ; de l'autre, l'état des transports effectués par les voitures publiques et véhicules de toutes sortes, avec le relevé des malheurs qui en résultent, on reconnaîtrait bien vite que, même sous le rapport de la sécurité, les nouvelles voies sont encore un bienfait et un progrès pour les pays où elles s'établissent.

CHAPITRE III.

Service de traction.—Ateliers.

Dans l'établissement des dépôts des machines nécessaires au service, une des questions qui nous ont le plus préoccupés a été celle des eaux destinées à l'alimentation des locomotives. La présence de certains sels calcaires, dans des proportions tout à fait insignifiantes pour les usages ordinaires de la vie, peut avoir pour les machines les conséquences les plus pernicieuses. Nous n'avons dû reculer devant aucun obstacle pour arriver, sous ce rapport, à des résultats satisfaisants.

Dès l'abord, nous avions reconnu la bonne qualité des eaux que l'on pouvait se procurer à Orléans et à Toury; la situation n'étant pas la même à Étampes et à Saint-Michel, nous avons tenté l'épreuve de deux puits artésiens. Cette opération n'a donné que des résultats incomplets. Ainsi à Étampes, les sables, entraînés par la vitesse ascensionnelle de l'eau, sont venus à plusieurs reprises obstruer les tubes de sondage et suspendre les travaux. Justement inquiets de ces alternatives qui pouvaient compromettre le service dans un moment où il eût été difficile de se procurer instantanément et par d'autres moyens, toujours plus dispendieux, la quantité d'eau nécessaire, nous nous sommes décidés à établir sur les bords de la Juine, à 800 mètres de distance du dépôt, une pompe mue par une petite machine à vapeur qui refoule l'eau de la rivière jusque dans nos réservoirs. Cette eau est suffisamment pure pour pouvoir être employée sans inconvénient; elle est, toutefois, bien inférieure à celle que fournit le puits artésien. Aussi emploie-t-on de préférence cette dernière, qui, maintenant, arrive régulièrement et en quantité presque suffisante.

A Saint-Michel, après avoir marché pendant six semaines d'une manière satisfaisante, le puits a été également obstrué par des sables argileux. Les travaux nécessaires ont été exécutés ; et après plusieurs alternatives, la nature des sables qu'entraîne l'eau a complétement changé. Elle présente maintenant les caractères les plus favorables, et nous avons lieu d'espérer qu'avant peu, un régime convenable pourra s'établir. Si notre attente était trompée, il serait facile de faire sur les bords de la rivière d'Orge une installation analogue à celle du dépôt d'Etampes sur les bords de la Juine. Les dépenses qu'entraînerait cette opération sont comprises comme prévision dans les frais d'établissement.

A Paris, un traité avec la Compagnie des eaux d'Auteuil nous assure la fourniture de toute l'eau de Seine dont nous pouvons avoir besoin. Cependant, pour obvier au cas d'une interruption momentanée dans cette fourniture, nous avons fait percer un trou de sonde dans l'ancien puits des ateliers ; à 45 mètres, nous avons rencontré une eau abondante et d'assez bonne qualité qui assure complétement le service contre toute éventualité, et qui nous permettra de réaliser quelques économies.

Enfin, sur tous les points nous avons dû faire établir des réservoirs assez vastes pour que les interruptions qu'occasionne l'indispensable réparation des appareils pussent avoir lieu sans aucune espèce d'inconvénient.

La Compagnie a reçu de M. Robert Stephenson les vingt-quatre machines locomotives dont l'exécution lui avait été confiée, et qui étaient nécessaires pour l'exploitation de la ligne d'Orléans; seize de ces machines sont employées au service des voyageurs; huit sont munies de roues couplées et disposées pour le service des marchandises. Onze sont exécutées d'après le système ordinaire; les treize autres présentent les dispositions adoptées avec tant de succès par M. Stephenson, et sont pourvues d'un appareil de détente variable. Toutes ont été construites avec le plus grand soin, et nous n'avons qu'à nous louer de la détermination prise à cet égard.

Les résultats que nous attendions de ces machines, sous le rapport de l'économie du combustible, ont répondu à nos espérances.

La consommation, pendant la marche, des machines du dernier système, descend souvent au-dessous de 6k50 par kilomètre.

Aussi, la moyenne de notre consommation totale a-t-elle beaucoup diminué.

Le nombre de kilomètres parcourus par les machines, pendant l'année 1843, a été de 632,735 kilom.

La quantité totale de coke consommé a été de 6,744,943 kilog. La consommation moyenne par kilomètre, qui avait été de 12 kilogrammes environ pour 1842, est donc descendue à 10k66.

Pour bien apprécier ce résultat, il ne faut pas perdre de vue que la dépense totale du coke indiquée comprend la consommation des machines de réserve (au nombre de 6 par jour sur un nombre de 19 mises en feu), et que la moyenne s'applique au service des marchandises et à celui des sables, aussi bien qu'au service des voyageurs.

Nous avons obtenu, d'un autre côté, une amélioration notable dans le prix du coke : les prix d'achat sont descendus de 54 fr. 50 c. à 48 fr. la tonne, et le prix de revient du coke, déchet compris, qui avait été de 56 fr. 50 c. en 1842, n'a plus été que de 52 fr. 25 c. en 1843.

Nous avons la certitude d'obtenir pour l'année 1844 de nouvelles réductions.

La moitié seulement du parcours total des machines a été effectuée par les locomotives du nouveau système; cette proportion sera beaucoup plus grande à l'avenir. D'un autre côté, à mesure que nos anciennos machines ont à subir des réparations importantes, nous pouvons introduire les modifications dont l'expérience nous a fait reconnaître les avantages.

Par suite des combinaisons que les besoins de la circulation et les besoins du commerce ont forcé d'adopter sur notre double ligne, nous sommes obligés d'allumer chaque jour 19 machines. Les 47 que nous possédons nous ont permis jusqu'à présent de faire face à ce service, parce que la plupart étaient neuves ; mais ce matériel ne tarderait pas à être insuffisant, et l'on ne pourrait l'entretenir constamment en bon état d'une manière convenable. Nous avons dû, pour nous placer dans des conditions tout à fait normales, décider l'acquisition de 6 nouvelles machines.

Quatre d'entre elles seront construites dans nos propres ateliers, qui, par les travaux faits depuis trois ans, nous donnent toutes les garanties désirables d'économie et de bonne exécution.

Les locomotives reproduiront d'ailleurs scrupuleusement les dispositions de celles de nos machines que l'expérience nous a fait reconnaître jusqu'à présent comme les meilleures.

Indépendamment du matériel qui avait été jugé nécessaire pour l'ouverture de la ligne d'Orléans, nous avons été conduits à ajouter à nos prévisions 16 trucks spécialement destinés au transport direct des voitures de roulage, dites *maringottes*, qui tend à prendre chaque jour plus de développement.

Nous avons dû ordonner aussi la construction de 30 wagons convenablement disposés pour recevoir les bestiaux de différentes espèces, même au besoin les bœufs, que nous n'avons pas encore transportés, mais pour lesquels, comme nous l'avons dit plus haut, nous serons conduits incessamment à faire au moins des essais. Ces nouvelles constructions sont en cours d'exécution.

Tout le matériel précédemment reconnu indispensable et dont l'exécution avait été confiée à nos ateliers, est d'ailleurs complétement terminé à notre entière satisfaction. En comparant le prix réel de revient de ce matériel avec celui qu'il eût fallu payer au commerce, il en est résulté pour nous, indépendamment de la certitude d'une construction plus soignée, de l'emploi de matériaux de première qualité, une économie de 118,000 fr., qui, pour une masse de travaux s'élevant ensemble à 1,012,768 fr., représentent un bénéfice de 13 0/0.

Nos ateliers, établis sur une large échelle, en harmonie avec l'importance de la ligne d'Orléans, munis de tous les moyens d'exécution que comporte aujourd'hui l'état avancé de l'industrie, forment, à côté de notre grande entreprise, un établissement complet, ayant sa comptabilité spéciale qui permet d'apprécier avec exactitude les résultats obtenus.

Les prix alloués pour les constructions qui y sont exécutées sont débattus lors de chaque commande, et fixés au-dessous de ceux qu'il a fallu payer au commerce pour des objets analogues, ou qui sont réclamés par lui. La différence entre le prix réel de revient et le prix alloué constitue en fin de compte un bénéfice qui, déduction faite des frais généraux de toute nature mis à la charge des ateliers, tels que frais de personnel, entretien de bâtiments, patente, impositions, etc., vient figurer au nombre des recettes générales de la Compagnie, indépendamment des intérêts que supportent ces ateliers sur le capital qui y a été employé.

La valeur des ateliers, y compris celle des remises de voitures qui y sont annexées, et qu'il eût fallu construire dans tous les cas, est aujourd'hui de . . . . 739,209 f. 56 c.

Savoir :

Constructions et installations.	510,282 f.	40 c.
Outillage. . . .	228,927	16
Total	739,209	56

Dans l'espace de trois ans, du 1ᵉʳ janvier 1841 au 31 décembre 1843, la valeur totale des travaux exécutés dans cet établissement a été de. . . . . 1,649,013 f. 03 c.

Le bénéfice qui en est résulté pour la Compagnie a été de.	138,814 f. 54 c.
Indépendamment des intérêts dont nous avons parlé, et qui, pour les années écoulées, se sont élevés à la somme de.	75,800 »
Ces deux sommes réunies donnent celle de. .	214,614 54

représentant le produit net des ateliers pour les trois années, soit par an 71,538, ou 9,67 0/0 du capital employé.

En présence de ce résultat, notre matériel étant aujourd'hui presque terminé, rien ne s'opposera à ce que des travaux analogues soient entrepris pour d'autres Compagnies et pour l'État, s'il leur convient de profiter des garanties que peut offrir une longue expérience.

Lorsque la portion du matériel dont la construction a été récemment ordonnée sera terminée, l'ensemble du matériel mis à la disposition de l'exploitation se composera de :

52 machines locomotives,
33 tenders,
4 wagons de secours avec leurs agrès,
239 voitures ou wagons pour le transport des voyageurs et de leur bagage,
10 écuries pour le transport des chevaux,
40 trucks pour le transport des chaises de poste,
356 wagons de toute espèce pour le transport des marchandises ou des bestiaux.

La valeur totale du matériel actuellement en service s'élève à environ cinq millions de francs.

Notre sollicitude s'appliquant sans cesse à apporter dans nos dépenses toute l'économie possible, a dû être vivement excitée par le marché passé entre des entrepreneurs et la Compagnie du chemin de fer de Paris à Rouen pour la traction de trains et l'entretien du matériel.

Nous nous sommes demandé si, en entrant dans une voie analogue, nous pouvions espérer quelques résultats avantageux.

Nous avons recherché avec une scrupuleuse impartialité quelle différence devraient amener pour nous, comparativement au chemin de fer de Rouen, les conditions particulières dans lesquelles se trouve placée la ligne d'Orléans, sous le rapport des pentes, de la double exploitation qu'exigent les deux lignes de Corbeil et d'Orléans, enfin de l'organisation du service, telle que les exigences du commerce et les besoins des populations nous ont forcés de l'établir. Après une minutieuse investigation, nous sommes arrivés à cette conséquence, qu'en tenant compte de ces diverses influences, nous obtenons, par notre organisation actuelle, les mêmes résultats que la ligne de Rouen, pour le marché qu'elle vient de conclure, en conservant d'ailleurs pour la Compagnie l'éventualité des économies que l'expérience doit faire réaliser par la suite (1).

(1) Voir aux annexes, page 77, le Rapport spécial sur cette question.

CHAPITRE IV.

Exposé de la situation définitive de la Compagnie.

Les dépenses faites pour l'exécution complète du chemin de fer de Paris à Orléans, avec embranchement sur Corbeil, sur une longueur totale de 133 kilomètres, peuvent se résumer ainsi :

Administration centrale, personnel de la direction et des travaux.		1,798,583 fr. 08 c.	
Acquisition de terrains et indemnités de toute nature.		7,175,000	»
Terrassements et ballast : Terrassements. .	8,269,989 f. 73 c.	10,436,087	43
Ballast.	2,166,097 70		
Ouvrages d'art.		4,530,226	88
Etablissement des voies principales et accessoires	12,801,330 »	13,616,260	»
Dépendance de la voie, comme plates-formes tournantes, changements et croisements de voies..	814,930 »		
Constructions accessoires pour gares de voyageurs et de marchandises, dépôt de machines, etc.	3,960,379 36	5,547,357	06
Ateliers pour la construction et la réparation du matériel.	510,282 40		
Maison d'administration.	283,624 97		
Alimentation des machines, clôtures, plantations, semis et dépenses diverses..	793,070 33		
Total des dépenses pour l'établissement du chemin proprement dit et de ses dépendances. . . .		43,103,514 fr. 45 c.	

D'autre part		43,103,514 45
Matériel d'exploitation, machines, tenders, voitures et wagons de toute espèce.	5,336,787 f. 70 c.	
Outillage des ateliers.	246,927 16	5,849,454 43
Mobiliers divers.	265,739 57	
Total général des dépenses pour la construction du chemin et sa mise en exploitation.		48,952,968 fr. 88 c.

(1) Si l'on veut maintenant se rendre compte des dépenses relatives à l'établissement du chemin, en les évaluant par kilomètre, afin de pouvoir les comparer aux dépenses faites ou à faire sur d'autres lignes de chemins de fer, on arrivera aux résultats suivants :

	Dépense par kilomètre en nombres ronds.
1° Administration centrale et personnel.	13,500 f. » c
2° Acquisition de terrains et indemnités de toute espèce (2)	54,000 »
3° Terrassements.	62,000 »
4° Ballast.	16,500 »
5° Travaux d'art.	34,000 »
A reporter.	180,000 »

(1) Le tableau ci-dessus de la dépense par kilomètre a été omis par erreur dans le premier tirage.

(2) Ce prix moyen ne saurait être admis comme terme de comparaison avec d'autres chemins qui n'auraient pas, comme celui d'Orléans, une entrée dans Paris : c'est un prix qui doit varier considérablement avec les localités que l'on traverse.

Pour plus d'exactitude, nous aurions peut-être dû le remplacer par les chiffres suivants :

Le prix d'un kilomètre dans Paris, compris la gare des voyageurs et ses dépendances, a été de.	1,000,000 f. »	
Soit pour un kilomètre		1,000,000 f. »
Le prix d'un kilomètre entre Paris et Corbeil a été (vu la valeur des terrains aux abords de Paris et la traversée d'un grand nombre de parcs et de propriétés précieuses) de. . . .	100,000 »	
Soit pour 30 kilomètres de longueur		3,000,000 »
Le prix d'un kilomètre entre Juvisy et Dommerville, y compris la traversée d'Étampes, a été de	44,000 »	
Soit pour 52 kilomètres de longueur.		2,288,000 »
Le prix d'un kilomètre entre Dommerville et Orléans, y compris 12 hectares acquis aux abords d'Orléans pour l'établissement des gares et de leurs dépendances, a été de. . . .	17,740 »	
Soit pour 50 kilomètres de longueur.		887,000 »
Total pour les deux lignes réunies sur une longueur totale de 133 kilomètres, non compris les excédants qui sont à revendre.		7,175,000 f. »

Report. . . .	180,000 » c.
6° Etablissement des voies principales et accessoires. . .	96,500 »
7° Accessoires de la voie, plates-formes et changements de voies.	6,000 »
8° Constructions accessoires, gares de voyageurs et de marchandises, ateliers et dépôts de machines.	36,000 »
9° Dépenses diverses pour l'alimentation des machines, les clôtures, haies vives, semis de talus.	6,000 »
10° Matériel d'exploitation, outillage des ateliers, mobiliers des gares de voyageurs et de marchandises (1)	44,000 »
Total du prix moyen par kilomètre. . .	368,500 f. »

Le total général des dépenses pour la construction du chemin et sa mise en exploitation est, ainsi que nous l'avons dit tout à l'heure, de 48,952,968 f. 88 c.

Pendant la première année de l'exploitation d'un chemin de fer, les dépenses de l'entretien de la voie sont en grande partie de véritables dépenses de consolidation et d'achèvement; il faut relever les voies sur tous les remblais qui tassent, adoucir les talus dont l'inclinaison est trop forte, arrêter les éboulements qui se manifestent, assainir enfin la voie en procurant partout aux eaux pluviales un écoulement prompt et facile. Nous avons ainsi cru devoir, conformément à l'ordonnance royale du 20 octobre 1843, relative à la garantie d'intérêt de l'État, porter au capital du premier établissement les trois cinquièmes des frais à faire pendant l'année 1844 pour l'entretien du chemin, soit. . . . . 360,750 »

Enfin, nous avons à faire figurer dans nos comptes différentes dépenses en dehors du coût réel du chemin de fer, qui sont les suivantes :

A reporter. . . . . . 49,313,718 f. 88 c.

(1) Nous avons calculé le prix moyen du kilomètre en répartissant la dépense totale de cet article sur 133 kilomètres seulement. Or, comme les lignes de Corbeil et d'Orléans sont, pour leur exploitation, complétement distinctes et indépendantes l'une de l'autre, comme elles se desservent par des convois spéciaux, il a fallu acquérir, pour l'exploitation de ces deux lignes, le même matériel que si le chemin de Corbeil n'avait eu, avec celui d'Orléans, aucune partie commune, c'est-à-dire que la ligne totale exploitée est réellement de 152 kilomètres (la distance de Paris à la fourche de Juvisy étant de 19 kilomètres), ce qui ne fait ressortir le prix réel du kilomètre, en ce qui concerne le matériel et les mobiliers, qu'à 38,500 fr.

Report. . . . . . 49,313,718 f. 88 c.

1° Intérêts à 4 0/0 l'an payés aux actionnaires, pendant la durée des travaux, sur les fonds qu'ils avaient versés. . . . . 4,391,054 f. 50 c.

2° Intérêts de l'emprunt contracté en 1842. . . . . 666,600 »

Ensemble. . . . . . 5,057,654 f. 50 c.

3° Frais de l'exploitation de la ligne de Corbeil pendant trois ans, trois mois et dix jours, depuis le 20 septembre 1840 jusqu'au 31 décembre 1843 ; et de la ligne d'Orléans pendant huit mois, depuis le 1er mai jusqu'au 31 décembre 1843. . . . . 3,694,288 49

Total. . . . . 8,751,942 f. 99 c.

En déduction de ces dépenses, nous avons à porter :

1° Les produits de l'exploitation des lignes de Corbeil et d'Orléans jusqu'au trente et un décembre 1843, montant à. . . . . 6,893,504 f. 61 c.

2° Les intérêts des sommes que la Compagnie a pu placer en attendant leur emploi. . 1,014,429 79

3° Les intérêts supportés par les ateliers. . 75,800 »

4° Les bénéfices faits sur le travail des ateliers. 138,814 54

5° Divers produits de toutes natures. 21,978 59

Ensemble . . 8,144,527 f. 53 c. 8,144,527 53

Reste à porter en dépense. . . 607,415 f. 46 c. 607,415 46

Le montant total des dépenses faites et restant à faire, pour le complet achèvement du chemin et pour sa mise en exploitation, se trouve ainsi porté à. . . 49,921,134 f. 34 c.

Dans le rapport du 6 octobre 1842, le Conseil d'administration avait manifesté l'espoir que la dépense totale pour l'établissement du chemin et sa mise en exploitation demeurerait renfermée dans le chiffre de. . . . . 49,200,000 f. » c.

Il y a, d'après le résumé que nous venons de présenter, un excédant de dépenses de. . . 721,134 34

Nous annexons au présent rapport le tableau comparatif des évaluations de 1842, avec les frais réalisés. La colonne qui comprend ce dernier terme présente l'ensemble des dépenses faites au 29 février 1844, et de celles qui restent à acquitter, soit que les services qu'elles ont pour objet aient été déjà exécutés, soit que leur exécution ne soit pas achevée (1).

Si nous rapprochons l'ensemble de ces charges s'élevant à. . . . . 49,921,134 f. 34 c.
de l'ensemble des ressources mises à la disposition de la Compagnie pour y pourvoir, et qui se composent :

1° De la réalisation du fonds social, soit. . .	40,000,000 f. » c.	49,999,000 »
2° De la réalisation de l'emprunt 8,888 obligations négociées à 1,125 fr.	9,999,000 »	

Nous arrivons à un excédant de ressources montant à. 77,865 66

Et nous devons faire remarquer que ce résultat lui-même se modifiera par suite de la liquidation des créances ci-après, résultant d'avances faites au moyen du capital de 49,999,000 fr., qui a été mis à la disposition de la Compagnie, savoir :

Forêts de Bretagne.	923,772 f. 96 c.
Créance Pouillet.	672,779 09
A reporter. . . .	1,596,552 05

(1) Voir aux annexes, page 119, le Tableau comparatif des frais de premier établissement.

Report. . . .	1,596,552	05
Terrains à revendre.	417,438	44
Wagons de terrassement restant encore à vendre.	133,000	»
Ensemble.	2,146,990 f.	49 c.

S'il y avait déficit sur la réalisation de ces créances, l'excédant des ressources signalé plus haut se réduirait d'autant, et pourrait même amener une insuffisance de ces ressources.

Si maintenant nous passons de l'exposé de la situation générale de la Compagnie à l'exam endes opérations et de la situation de sa caisse (1), nous reconnaîtrons que les capitaux qu'elle a reçus, s'élevant à. . . . . 49,999,000 f. » c.

Et le montant des dépenses effectuées au 29 février 1844 étant de. 49,666,302 27

savoir :

Frais de 1er établissement	47,519,311 f.	78 c.
Avances détaillées ci-dessus	2,146,990	49
Somme égale. . .	49,666,302	27

il devrait rester au 29 février 1844 un solde disponible de. . . . . 332,697 f. 73 c.

La balance générale de la Compagnie, arrêtée à la même époque, établit en effet :

1° Que le montant des deniers en caisse est de	103,265 f.	10 c.
2° Qu'il existe dans le portefeuille de la Compagnie des effets à recevoir pour une somme de	412,962	40
Total.	516,227	50 (2)

(1) Voir aux annexes, page 127, le Tableau de la situation financière de la Compagnie.
(2) Voir aux annexes, page 131, la Balance générale des écritures au 29 février 1844.

D'autre part. . . .	516,227	50
Mais il faut déduire de cet actif la somme de. . à laquelle s'élève le solde créancier des comptes des correspondants de la Compagnie, rapproché de la valeur de ses approvisionnements de toute nature constatée par les inventaires des magasins.	183,529	77
Reste, somme égale. . .	332,697 f.	73 c.

Le montant des dépenses restant à faire pour solder tous les comptes de premier établissement s'élève à la somme de 2,401,822 f. 56 c.

Il résulte de l'exposé qui précède que le solde disponible est de.	332,697	73
Par conséquent, il resterait à pourvoir à une insuffisance momentanée de.	2,069,124	83

Mais d'abord, plusieurs dépenses qui font partie des frais de premier établissement, et notamment ce qui concerne l'entretien et la surveillance de la voie pendant l'année 1844, ne seront réglées et soldées qu'à une époque encore éloignée.

D'autre part, nous avons fait figurer parmi les créances dues par la Compagnie diverses sommes qu'elle n'aura point à rendre prochainement; nous citerons, entre autres, les cautionnements exigés des employés comptables et des correspondants de la Compagnie.

Nous devons espérer aussi que les avances faites pour les terrains et wagons à revendre, et pour les forêts de Bretagne, seront couvertes par des rentrées prochaines.

Enfin, les recettes de l'exploitation viennent journellement à notre aide, puisque nous n'aurons à payer un premier semestre d'intérêts que le 1er juillet prochain.

Dans cette situation, le Conseil d'administration n'a pas cru qu'il fût nécessaire de pourvoir immédiatement, et dans son entier, à l'insuffisance que nous venons de signaler ; il s'est borné à s'assurer un crédit éventuel de 1,500,000 fr., dont il ne sera fait usage que s'il y a lieu, dans la mesure des besoins de la Compagnie.

Au nombre des ressources que nous avons énumérées, figure l'emprunt que vous nous avez autorisés à contracter. Cette opération s'est accomplie de la manière la plus satisfaisante. La nature du gage que la Compagnie avait à offrir était si solide, les prêteurs devaient y trouver tant de garanties et de sécurité, que nous avons cru devoir donner aux actionnaires eux-mêmes toute préférence sur les maisons de banque et sur le public. La confiance des actionnaires, nous sommes heureux de le proclamer, a hautement répondu à notre appel. Nous n'avions besoin que de 10 millions; plus de 33 ont été souscrits avec empressement. La répartition des obligations à émettre a donné une obligation par 7 actions 27/100. Une fois cette répartition faite, il est resté à distribuer 151 obligations, à cause des fractions négligées. Le Conseil en a attribué une à chacun des soixante-seize souscripteurs possédant moins de 7 actions. C'est une faveur qu'il a cru devoir faire aux plus petits porteurs. Le solde a été réparti entre les souscripteurs auxquels les fractions les plus fortes étaient restées sans donner droit à une obligation.

Quant à l'emploi qu'ont reçu, et les fonds provenant de cet emprunt, et tous les autres capitaux mis à notre disposition, il sera examiné avec un soin que nous avons été les premiers à provoquer. Nous vous avons déjà parlé, Messieurs, de l'ordonnance du 20 octobre 1843. Cette ordonnance, portant règlement d'administration publique, détermine les formes d'après lesquelles la Compagnie sera tenue de justifier, vis-à-vis de l'Etat : 1° du montant des capitaux employés dans l'entreprise ; 2° de ses frais annuels d'entretien et de ses recettes. Elle a placé un commissaire royal auprès de la Compagnie, et institué une commission qui sera spécialement chargée de l'apurement de tous nos comptes. Peut-être une telle garantie vous paraîtra-t-elle suffisante, car dans cette question les intérêts de l'État sont étroitement liés aux vôtres.

Toutefois, le Conseil ne saurait voir qu'avec plaisir l'Assemblée y joindre ses propres investigations, et il s'empresserait de lui en fournir les moyens.

Ainsi que vous l'aurez remarqué dans l'exposé qui vient d'être fait, tous les fonds sortis de la caisse sociale n'ont pas été directement appliqués à l'établissement de la voie et du matériel d'exploitation. Nous vous avons déjà exposé dans notre dernier rapport que, soit pour obéir aux prescriptions de la loi d'expropriation, soit pour nous procurer les moyens les plus économiques et les plus sûrs d'accomplir notre œuvre, nous avions dû acquérir divers immeubles dont la valeur, successivement réalisée, fera retour entre les mains de la Compagnie. Parmi ces immeubles figurent, vous le savez, trois futaies connues sous le nom de Bodelio, Brambien et Coëtzo, et situées dans le département du Morbihan. Le moment est venu de vous faire connaître tous les détails de cette affaire, qui a été pour le Conseil le sujet de préoccupations incessantes.

Ce rapport devant être imprimé, on trouvera parmi les *annexes* l'exposé complet des motifs et des actes par suite desquels nous sommes devenus, le 9 novembre 1842, propriétaires définitifs du fonds et de la superficie de ces trois futaies (1).

Pour épargner aujourd'hui à votre attention de trop longs détails, nous nous bornerons à vous rappeler quel était le but de la Compagnie quand elle s'est prêtée dans l'origine à cette acquisition, et quel est, en dernière analyse, le résultat de l'opération.

Le but était celui-ci: il s'agissait de déjouer la spéculation qui, en 1838, alors que nos travaux allaient commencer, s'était emparée du marché des bois. Ce but a été atteint, car nous avons assuré à la Compagnie la fourniture de 30,000 stères de traverses à des conditions véritablement avantageuses, si on les compare à celles que nous aurions dû subir en contractant les marchés qui nous étaient proposés.

Quant au résultat de l'opération, le voici:

Il est sorti de notre caisse, tant pour avances sur les superficies que pour prêt sur le fonds acquis directement par M. Pouillet, entrepreneur de charpente chargé de la fourniture des traverses, une somme de 1,698,486 fr. 11 c.

---

(1) Voir aux annexes, page 89, le Rapport au Conseil d'administration sur l'affaire des forêt de Bretagne.

Lorsqu'il a été procédé à la vente des forêts, en vertu d'une sentence arbitrale intervenue le 20 septembre 1841, et des droits hypothécaires de la Compagnie, nous en sommes restés adjudicataires moyennant, outre les frais :

Pour les bois abattus.	65,100 f.
Pour les fonds et la superficie debout.	901,000
Ce qui a porté le prix total de l'acquisition, non compris les frais, à une somme de.	966,100 f.

La Compagnie conserve, après cette acquisition, une créance à découvert de 712,519 fr. 19 c. contre M. Pouillet.

D'un autre côté, la revente des bois abattus paraît devoir produire, lorsqu'elle sera terminée, un excédant d'environ 40,000 fr. Les forêts elles-mêmes ont acquis entre nos mains une plus-value qu'il est difficile d'apprécier quant à présent, mais qui est réelle ; car, depuis l'adjudication de 1842, aucune exploitation n'a été faite, et il est en outre permis de croire que l'exécution simultanée de plusieurs grandes lignes de fer, qui sera probablement votée dans cette session, aura pour effet d'ajouter encore à la valeur de cette propriété.

Tout nous autorise donc à présumer que le dernier prix d'acquisition n'est qu'un *minimum* qui sera dépassé le jour où la Compagnie voudra se défaire des forêts de Bretagne, et qu'un nouvel excédant pourra, de ce chef, être inscrit sur nos livres.

Enfin, indépendamment des forêts de Bretagne, nous avons été conduits à faire quelques autres acquisitions dans l'intérêt même de notre sécurité. La situation de M. Pouillet était devenue difficile. Il s'adressa avec instance et à plusieurs reprises à la Compagnie, pour obtenir des avances. Après y avoir mûrement réfléchi, le Conseil reconnut que les plus sérieux motifs lui commandaient d'accéder à cette demande : une suspension dans les travaux aurait eu les conséquences les plus préjudiciables pour la Compagnie ; vous n'avez pas oublié que l'ouverture du chemin avait été solennellement annoncée pour les premiers jours du mois de mai 1843.

C'est sous le coup de cette impérieuse nécessité que nous nous sommes décidés à faire de nouvelles avances. En garantie, M. Pouillet nous a vendu à réméré des baraques de campement construites pour le logement des troupes employées aux fortifications de Paris. C'était là une acquisition étrangère à notre entreprise : aussi avons-nous cherché immédiatement à en tirer le parti le plus avantageux ; plusieurs de ces établissements ont été cédés à l'État ; les matériaux de plusieurs autres ont été mis en vente, et ce n'est pas exagérer que d'évaluer à 90,000 fr. le boni que ces aliénations procureront à la Compagnie.

On voit que cette affaire, lors même qu'elle n'eût pas été imposée par les circonstances, se justifierait encore par ses résultats, puisqu'elle atténue le dommage que nous aurons peut-être à souffrir par le fait des avances sur les forêts.

Maintenant, si l'on portait en déduction de la dette de M. Pouillet, les bénéfices réalisés ou à réaliser, premièrement sur la revente des bois abattus, secondement sur la revente des baraques ou de leurs matériaux, toutes les chances de perte se réduiraient dès aujourd'hui, sans tenir compte des éventualités futures, au chiffre de 582,000 fr. y compris 200,000 fr. d'intérêts.

Convient-il d'établir cette compensation ?

Le Conseil, Messieurs, n'a pas hésité sur ce point. Il ne pense pas qu'il soit digne de la Compagnie de s'approprier les profits provenant des dernières opérations, quand ces opérations, il faut bien le dire, elle les a faites en dehors de son objet commercial, non pour en retirer un avantage personnel, mais pour échapper aux dangers qui résulteraient pour elle de la situation fâcheuse de son principal entrepreneur, et dans le but unique d'assurer l'exécution de ses propres engagements envers l'État. Telle est la considération qui a déterminé le Conseil. Cette détermination est toute spontanée. Ajoutons qu'elle est essentiellement provisoire, puisque votre consentement seul peut lui imprimer le cachet d'une décision irrévocable.

Dans le cas où, comme nous l'espérons, vous partageriez nos vues à cet égard, la dette de M. Pouillet, déjà réduite, comme nous l'avons dit, à 582,000 fr., dont 93,000 fr. sont garantis par hypothèque, se réduirait encore de tous les recouvrements successifs qu'on pourrait faire par suite de la revente des trois futaies au prix qu'il est naturel d'en attendre.

Mais le Conseil n'a pas été seulement équitable envers M. Pouillet : il a voulu aussi se montrer généreux. La dette de cet entrepreneur, même après ces diverses réductions, eût été trop lourde pour lui. En exiger le payement immédiat ou prochain, c'eût été lui enlever tout moyen de continuer ses affaires. Le Conseil, qui, d'ailleurs, n'a eu qu'à se louer de l'habileté et du dévouement déployés par M. Pouillet dans l'exécution des travaux, a cru devoir, par une délibération en date du 25 novembre 1842, autoriser la Direction à surseoir à toutes poursuites jusqu'à ce qu'il en fût autrement décidé. Sur ce point, la ratification de l'Assemblée générale est nécessaire, et nous vous la demandons ; plus tard, lorsque les forêts auront été revendues, la question vous sera présentée de nouveau, et l'Assemblée générale aura à adopter une solution définitive sur un compte complétement apuré.

CHAPITRE V.

De quelques nouvelles propositions.

Plusieurs modifications aux statuts seront nécessaires ; nous allons vous exposer aussi brièvement que possible les dispositions qu'il nous a paru utile de vous soumettre à cet égard.

La première est relative au changement des titres. Depuis le 1er janvier dernier, nous sommes entrés dans la phase productive de l'entreprise : à partir de cette époque, les actionnaires commencent à participer aux bénéfices. A la fin de l'année courante, il devra être procédé au premier tirage des actions à amortir. De là, nécessité de mettre nos actions en harmonie avec cette situation nouvelle. Nous avons, en conséquence, arrêté qu'il serait fait sur la même feuille deux titres distincts et pouvant être au besoin facilement détachés : l'un, action de *capital*, portant intérêt à 3 0/0 payable, savoir : 7 fr. 50 c. le 1er juillet, et 7 fr. 50 c. le 1er janvier de chaque année, remboursable au pair de 500 fr. par tirage au sort. L'autre, action de *dividende*, donnant droit à $\frac{1}{80,000}$ des produits de l'entreprise, déduction faite de l'amortissement et des intérêts afférents aux actions de capital. Vous apercevez que cette disposition nouvelle de nos titres exige la modification de plusieurs articles des statuts.

L'article 43, par exemple, ne saurait être conservé dans sa teneur actuelle ; car cet article, qui dispose que tout porteur de vingt actions aura le droit d'assister aux assemblées générales, ne peut évidemment s'appliquer qu'aux actions actuelles dites *omnium*, puisque le principe de la séparation des titres en deux parties distinctes n'était pas encore arrêté quand les statuts actuels ont été rédigés. Or, il est impossible que des actions dont le capital serait remboursé et qui seraient ainsi annulées en partie, confèrent les mêmes droits que des actions entières, comprenant et le titre de *capital* et le titre de *dividende*. Ce serait une égalité fausse et injuste. D'un autre côté, les actions de *dividende* sont destinées à une circulation active ; elles sont plus intéressées à la prospérité du chemin que les actions du capital qui, en aucun cas, ne peuvent prétendre à rien au-delà des 4 p.0/0 garantis par l'État. Il a donc paru indispensable d'admettre les porteurs des titres de dividende dans les réunions où se discutent nos affaires ; d'autant plus que, soit qu'on considère le prix actuel des actions, soit qu'on se reporte aux données du budget de 1844, qui font ressortir approximativement pour les actions de dividende le même produit que pour les actions de capital, on ne trouve que des motifs pour égaliser la position de ces deux classes de titulaires. D'ailleurs, et cette circonstance seule serait décisive, les titres de dividende, grâce à l'action de l'amortissement, ne tarderont pas à être plus nombreux que les titres de capital ; il viendra même un jour où ils seront seuls sur le marché. La modification que nous proposons n'est donc pas seulement équitable, elle est nécessaire.

D'après la nouvelle rédaction de l'art. 43, il serait établi que désormais, pour avoir droit de présence aux assemblées générales, il faudrait déposer :

Ou 20 actions *omnium*, non séparées, ou 40 actions séparées, soit de capital, soit de dividende, soit de l'un et de l'autre, en nombre égal ou inégal.

Par application du même principe, l'Assemblée générale ne serait régulièrement constituée que lorsque le nombre des actions représentées s'élèverait, dans les cas ordinaires, à 16,000 actions soit de capital, soit de dividende, et à 32,000 actions lorsqu'il s'agirait de modifications aux statuts, d'embranchements ou de prolongements du chemin, d'augmentation du fonds social.

Il nous a paru, toutefois, qu'exiger dans ces trois cas exceptionnels la réunion d'un nombre aussi considérable d'actions pour valider les opérations de la seconde comme de la première assemblée, ce serait peut-être se mettre dans l'impossibilité matérielle de résoudre des questions qui peuvent cependant se présenter et demander une solution immédiate.

Nous vous proposons, en conséquence, de décider que, dans tous les cas, sans exception, après une première convocation sans résultat, l'Assemblée générale, réunie en vertu d'une seconde convocation à vingt jours d'intervalle, pourra délibérer valablement sur tous les objets à l'ordre du jour de la première réunion, quel que soit le nombre des actions représentées, pourvu que, dans les trois cas exceptionnels sus-indiqués, les délibérations soient prises à la majorité des deux tiers des membres présents au nombre de 30 au moins, comme le prescrit l'article 49 aujourd'hui.

D'un autre côté, nous croyons utile de réduire à trois jours, au lieu de huit, le délai fixé pour le dépôt des titres et la demande des cartes d'admission à l'assemblée générale.

Pour ce qui concerne le nombre des actions à déposer par les administrateurs et directeurs, ce nombre serait à l'avenir porté au double, avec faculté de le fournir en action de capital ou de dividende, indistinctement.

Quant aux titres nouveaux, il faudra un temps assez long pour les confectionner. Nous comptons en opérer l'échange dans le cours du second semestre de cet exercice, de façon que le payement du 1er janvier prochain puisse se faire sur coupons.

Une seconde mesure a fixé l'attention du Conseil (1). Elle a pour but de stimuler le zèle des employés, de récompenser leurs efforts, d'attirer et de retenir les hommes capables, de créer des garanties de bonne gestion à la Compagnie, enfin de tendre constamment à augmenter les produits et à diminuer les dépenses. A tous ces titres, elle se recommandait vi-

(1) Voir aux annexes, page 103, Rapport spécial fait au conseil d'administration.

vement à notre approbation. Toutefois, avant de l'adopter, nous l'avons mûrement examinée. Ce n'est que lorsque l'utilité, l'opportunité et la légalité nous en ont été pleinement démontrées, que nous avons résolu de la déférer à votre sanction.

Voici en quoi consisterait cette mesure :

Il s'agirait d'associer tous les employés des divers grades aux profits de la Compagnie. Ainsi, lorsque le service de l'intérêt et de l'amortissement des actions financières aurait été assuré, lorsque la pension viagère de 12,000 fr., attribuée à M. Casimir Leconte, aurait été payée ; lorsque chaque action de dividende aurait reçu une prime annuelle de 20 fr. ; il serait fait *sur l'excédant* un prélèvement égal à 3/20 de cet excédant en faveur de nos fonctionnaires et agents.

Ces fonctionnaires et agents seraient divisés en deux catégories.

La première serait composée des Directeurs et Ingénieurs, d'une part ; d'autre part, des chefs de service que le Conseil d'administration jugerait convenable d'y appeler.

Les autres employés de la Compagnie formeraient la deuxième catégorie.

Chaque membre de la première catégorie toucherait un $\frac{1}{300}$ du montant du prélèvement par chaque mille francs du traitement dont il jouit.

Quant aux employés de la seconde catégorie, la somme restée disponible après le prélèvement qui vient d'être indiqué, serait répartie entre eux de la manière suivante :

La moitié de la part revenant au marc le franc, à chacun d'eux, serait déposée en son nom à la Caisse d'épargne ou employée en rentes sur l'État, pour lui être remise au moment où il se retirerait de la Compagnie.

L'autre moitié serait mise à la disposition du Conseil pour être distribuée chaque année, à titre de gratification, selon le mérite et les services de chacun.

Le mécanisme de cette combinaison paraît répondre complétement à la pensée qui l'a inspirée. Les hauts fonctionnaires de la Compagnie, qui figurent de droit dans la première catégorie, sont assurés d'une participation dans les bénéfices proportionnée aux services qu'ils rendent. Cette participation est fixe et invariable. Les membres de la deuxième catégorie auront en perspective, et comme prime d'encouragement, la chance de passer dans la première. Ces mêmes employés auront intérêt à être peu nombreux ; car la part qui devra leur revenir sur les bénéfices sera d'autant plus grande qu'elle sera moins divisée. Ils ne souffriront donc pas, sans les signaler, de membres parasites. Dans ce système, on fera le plus de besogne possible avec le moins de monde possible : double avantage qui donne une égale satisfaction à la Compagnie et à ses agents.

Une addition à l'art. 55 des statuts suffira pour autoriser à mettre cette mesure à exécution. L'Assemblée, nous aimons à le croire, s'empressera d'accorder son approbation aux vues que nous lui soumettons. Pas plus que nous, elle ne voudrait que les hommes qui consument leur vie au service de la Compagnie fussent exposés à tomber un jour dans l'abandon et le besoin. Elle serait la première à venir à leur secours, à les relever aux yeux du public ; car la dignité d'une grande administration souffre toujours de l'humiliation où se trouvent réduits ceux qui ont eu l'honneur de jouir de sa confiance et d'exercer une part quelconque de son autorité. La mesure qui vous est proposée aura pour résultat de prévenir pour les membres de la seconde catégorie une pareille éventualité, et d'y pourvoir d'une manière régulière, permanente, comme il convient, en un mot, dans un ordre de choses bien réglé.

Voici, du reste, quelles seraient les conséquences de la combinaison pour les actionnaires.

Pour l'année 1844, le produit présumé est de 3,081,930 fr. ; dans le cas où les produits nets s'élèveraient à 3,612,000, les actionnaires, au lieu de 40 fr. par action et de 8 0/0 d'intérêt et dividende, recevraient 39 fr. 25 c. par action, soit 7 fr. 85 c. 0/0, différence 75 c. par action et 15 c. par cent francs de revenu.

Dans le cas où les produits nets atteindraient le chiffre de 4,812,000 f., les actionnaires recevraient, au lieu de 55 fr. par action ou de 11 0/0 de revenu, 52 fr. par action, soit 10 fr. 40 c. 0/0; différence 3 fr. par action ou 60 c. par cent francs de revenu.

La situation des actionnaires ne serait pas, on le voit, changée d'une manière sensible. D'ailleurs il ne faut pas oublier que le prélèvement ne pourra avoir lieu qu'après qu'une répartition de 8 0/0 en totalité, ou de 4 0/0 pour l'action financière et 4 0/0 pour l'action de dividende, aura été assurée aux porteurs de nos deux espèces de titres.

L'art. 23 des statuts dit que les dispositions relatives à l'organisation du Comité de direction seront révisées, s'il y a lieu, dans l'année qui suivra l'achèvement des travaux. Le Conseil s'est occupé de cette question, et il serait prêt à vous faire des propositions nouvelles ; mais il a jugé à propos de surseoir à toute décision définitive sur ce point jusqu'à ce qu'on sache à quoi s'en tenir au sujet des prolongements. Il est évident qu'une réorganisation ne peut être utilement opérée que lorsqu'il sera permis d'apprécier l'étendue de notre tâche dans l'avenir. C'est une question subordonnée à la solution de celles qui sont encore pendantes. L'ajournement est donc le parti le plus sage à adopter dans la situation actuelle des choses.

Nous vous demandons l'autorisation formelle d'introduire chacune de ces modifications dans les statuts, d'en demander l'approbation au gouvernement, et de consentir, au besoin, les changements qu'il croirait devoir apporter aux modifications proposées.

Nous vous demandons enfin la prorogation des pouvoirs spéciaux qui nous avaient été conférés jusqu'à ce jour par l'art 71 des statuts pour pourvoir à l'exécution du chemin de fer et de ses dépendances. Ces pouvoirs nous sont indispensables pour la revente des terrains en excédant, pour le dernier achèvement des travaux, pour le complément du matériel nécessaire à l'exploitation. Ils nous seraient accordés jusqu'à la prochaine assemblée générale ordinaire.

CHAPITRE VI.

Des Prolongements.

Avant d'aborder la question des embranchements, signalons un fait qui se rattache directement à notre entreprise actuelle.

Les débuts de l'exploitation sur le chemin d'Orléans ont beaucoup contribué à ramener la faveur publique vers les grandes lignes de fer, non-seulement en France, mais au dehors; les capitalistes anglais se sont surtout fait remarquer par leur empressement à rechercher nos actions.

Un nombre assez considérable de ces titres est aujourd'hui passé entre leurs mains. Cette fusion d'intérêts, cette tendance de deux peuples à faire concourir leurs efforts et leurs ressources au succès d'une œuvre commune, offrent des facilités jusqu'ici inconnues pour ces entreprises merveilleuses, qui sont tout à la fois la passion et la gloire de notre époque.

Au point de vue de l'intérêt national, rien ne saurait être plus désirable que de voir se développer cette heureuse fraternité entre des capitaux si longtemps voués à des destinations isolées, rivales, ou ennemies.

C'est l'industrie privée, on ne peut le méconnaître, qui a provoqué ce mouvement remarquable. C'est seulement dans un système où l'industrie privée trouverait sa part légitime d'influence et de bénéfice que ce mouvement peut s'étendre et prendre un caractère durable. Vainement espérerait-on obtenir le même résultat dans le cas où l'État seul exécuterait tout le réseau voté en 1842. Les emprunts auxquels l'État devrait alors recourir n'offrant pas aux capitalistes étrangers un appât suffisant, ces capitalistes chercheraient ailleurs des placements plus avantageux, et porteraient à des peuples mieux inspirés que nous le concours de leur puissance financière. C'est là une vérité tellement incontestable, qu'elle peut se passer de démonstration.

Il semble donc qu'en France on devrait chercher à encourager l'industrie privée, puisqu'elle est l'intermédiaire naturel, unique, du rapprochement qui s'est établi ; malheureusement, d'autres idées paraissent prévaloir aujourd'hui. Le cours actuel des actions de chemins de fer est peut-être la principale cause de cette réaction. Mais tout le monde sait que c'est là un fait variable, passager, qui participe de toute la mobilité de l'opinion publique. S'appuyer sur ce fait, qui peut n'être qu'un accident de bourse, tant qu'il ne se justifie pas par des produits réalisés, pour imposer aux Compagnies des conditions onéreuses, ce serait oublier qu'elles sont appelées à accomplir une œuvre qui ne change pas de nature au gré des impressions de la foule ; ce serait préparer le retour des tristes mécomptes qui ont suivi de si près les illusions de 1838.

La ligne de Lyon a dû, par son importance, être tout d'abord l'objet de nos sollicitudes. Aussi, dès le 10 novembre 1841, communication était-elle demandée à M. le Ministre des travaux publics des plans et devis du projet de chemin de fer de Corbeil à Montereau, rédigé par les ingénieurs de l'Etat. Le 14 juin de l'année suivante, une soumission officielle était adressée au même ministre pour l'exécution de cette section de Corbeil à Montereau, aux conditions générales de la concession du chemin d'Orléans, c'est-à-dire sans contribution de l'État dans la dépense. Le 3 janvier 1843, la soumission a été renouvelée dans la même forme, avec offre de conduire le prolongement jusqu'à Sens. A cette dernière communication, le gouvernement ré-

pondit, en date du 31 janvier, « que, *sans vouloir examiner les*
» *avantages et les inconvénients de la garantie d'intérêt demandée par*
» *la Compagnie,* ce chemin devant faire partie de la grande ligne de
» Paris à Lyon, dans le cas où cette ligne serait dirigée par les vallées
» de la Seine et de l'Yonne, il était absolument impossible de consen-
» tir, quant à présent, à la concéder, parce que ce serait aliéner à
» l'avance la partie la plus productive de la grande ligne, et que le
» gouvernement ne pourrait plus espérer de voir s'exécuter cette ligne
» aux conditions réglées par la loi du 11 juin 1842. »

Pour entrer dans les vues du gouvernement, nous annonçâmes officiellement au ministre, par une lettre en date du 12 mars 1843, que nous étions prêts à nous charger de l'achèvement et de l'exploitation du chemin de Corbeil à Châlons, dans le système de la loi du 11 juin 1842, et ce aux conditions sur lesquelles l'État et la Compagnie auraient à se mettre d'accord.

Cette proposition demeura sans réponse.

Alors le Conseil d'administration fit un pas de plus ; il formula, sous la date du 8 avril, une soumission nouvelle, toujours dans le système de la loi du 11 juin, mais aux quatre conditions suivantes :

1° Que la durée de la concession serait de 46 ans 324 jours, à dater de la mise en exploitation de la ligne dans toute son étendue ;

2° Que l'État garantirait à la Compagnie un intérêt de 3 0/0 et un amortissement de 1 0/0 pendant cette période de 46 ans 324 jours, sur un capital de 65 millions, avec faculté d'emprunter en cas d'insuffisance du capital social ;

3° Qu'en considération de cette garantie, lorsque la Compagnie aurait prélevé sur les produits l'amortissement de 1 0/0 et l'intérêt de 3 0/0, et distribué en outre à ses actionnaires un dividende maximum de 6 0/0, l'excédant des produits, s'il y en avait, servirait jusqu'à due concurrence à payer à l'État l'intérêt à 3 0/0 de ses avances ; ou que, si on l'aimait mieux, les produits excédant les 4 0/0 garantis et les 6 0/0 privilégiés seraient partagés par moitié entre l'État et la Compagnie ;

4° Qu'à l'expiration de la concession, l'État reprendrait possession gratuitement de toute la ligne, y compris la voie et les travaux exécutés par la Compagnie.

Vous remarquerez ici, Messieurs, que la Compagnie d'Orléans a devancé, dans ses propositions, les vœux manifestés depuis par une commission de la Chambre des Députés. C'est elle qui, *de son propre mouvement*, a pris l'initiative d'une très-importante amélioration à la loi du 11 juin 1842, en offrant le partage des produits avec l'État en cours d'exploitation, et l'abandon gratuit des rails en fin de bail. Cette soumission formulée sérieusement par une Compagnie qui avait fait ses preuves, qui est en possession de la tête de la ligne, qui présentait toutes les garanties désirables, et qui offrait d'améliorer si avantageusement pour l'État les dispositions primitives de la loi générale, resta également sans réponse.

Enfin, dans ces derniers temps, le 28 novembre 1843, de nouvelles ouvertures, dégagées cette fois du système de la garantie d'intérêt, et conçues dans des proportions plus larges, ont été faites au Ministre des travaux publics : la Compagnie proposait de se charger de l'achèvement et de l'exploitation des lignes suivantes :

1° *De Corbeil à Châlons;*
2° *D'Orléans à Tours;*
3° *D'Orléans à Vierzon.*

Dans le cas où le gouvernement aurait jugé à propos de réduire dans une mesure quelconque les travaux que la Compagnie offrait d'entreprendre, l'ordre de nos préférences était d'avance indiqué par celui des demandes. Quant aux conditions financières, le conseil déclarait adopter, *au choix du gouvernement*, ou bien le système exposé dans la proposition datée du 8 avril, ou bien le système présenté par la Compagnie du Nord avec les amendements qu'y avait introduits la commission de la Chambre des Députés, dont M. Baude avait été l'organe. On nous fit observer alors que le Conseil d'administration de la Compagnie d'Orléans n'était pas apte à contracter, comme Conseil, pour une ou plusieurs lignes nouvelles, ce qui tendait à mettre en quelque sorte vos représentants hors de concours. Dans cette situation, désireux de conserver toutes vos chances pour une affaire qui se lie si intimement à vos intérêts, les membres composant votre Conseil n'ont pas hésité à s'engager en leur nom personnel, et au nom d'autres capitalistes français et étrangers. Si nos propositions avaient été acceptées par le gouvernement, nous les aurions soumises aux actionnaires du chemin d'Orléans. Ceux qui eussent voulu s'associer à la nouvelle entreprise auraient eu leur part privilégiée dans la distribution des actions, et cette part aurait représenté une somme égale au capital de la ligne d'Orléans, ou tout au moins la moitié du capital nécessaire pour l'entreprise nouvelle. Ceux, au contraire, qui auraient préféré s'abstenir fussent restés entièrement libres. Par là, les droits de tous étaient réservés sans que l'indépendance de personne eût à en souffrir. Vos administrateurs et leurs associés étaient seuls définitivement liés.

Mais nous n'avons pas *aujourd'hui* à provoquer sur ce point une option de votre part. Le gouvernement, vous le savez, après de longues délibérations, s'est déterminé à soumettre d'abord à la sanction des Chambres les projets de contrats qu'il a l'intention de proposer aux Compagnies, sauf à s'entendre ensuite avec celles-ci, ou à user, si elles repoussent ses conditions, de la faculté qui lui serait ouverte d'achever les chemins aux frais du trésor public. Les projets présentés jusqu'à ce jour ne concernent que les lignes du Nord et de Vierzon. On annonce que ceux qui se rattachent à l'établissement des lignes de Tours et de Châlons ne tarderont pas à paraître.

Nous ignorons à cet égard ce que proposera le gouvernement. Nous ignorons ce que décideront les Chambres, et jusqu'à ce qu'elles aient prononcé, nous devons nous abstenir de toute manifestation.

Nous vous disions, il y a dix-huit mois, dans notre dernier rapport :

« Trop souvent les Compagnies qui se vouent à l'exécution des tra-
» vaux si intimement liés aux intérêts généraux, sont traitées presque
» en ennemies; il semble que tout ce qu'on enlève degaranties à l'in-
» dustrie privée soit autant de gagné pour le pays. Par une déplorable
» aberration, on tend à établir une sorte d'antagonisme entre des forces
» qui, bien loin de se combattre et de s'exclure, devraient toujours se
» rapprocher et se confondre dans une action commune. Sous l'empire
» du préjugé dominant, les difficultés se multiplient et les encoura-
» gements ne s'arrachent qu'à grand'peine. » Nous n'avons malheureusement rien à retrancher de ces paroles.

Après avoir reproduit des doléances dont la cause n'a fait que s'aggraver, qu'il nous soit permis de terminer ce long rapport par l'expression d'un vœu que depuis longtemps nous ne devrions plus avoir à formuler devant vous, car notre conscience nous rend le témoignage d'avoir scrupuleusement et loyalement accompli toutes nos obligations :

C'est que désormais l'administration des travaux publics veuille bien considérer la Compagnie d'Orléans comme une auxiliaire utile et non plus comme une rivale.

Si ce vœu pouvait être accompli, alors vos représentants ne seraient plus obligés, comme ils l'ont été jusqu'ici, comme ils le sont encore aujourd'hui, de consumer en luttes stériles, pénibles et réciproquement irritantes, une activité et des forces qu'ils voudraient consacrer uniquement à développer et à perfectionner votre œuvre, œuvre d'utilité publique bien plus encore que d'intérêt privé, nous ne saurions trop le répéter pour l'instruction de ceux qui nient les services que les Compagnies rendent au pays, et qu'elles peuvent encore lui rendre dans l'avenir.

L'art. 20 des statuts exige que le conseil soit renouvelé par tiers d'année en année. Il dispose que les membres sortants peuvent être indéfiniment réélus.

En exécution de cet article, vous aurez à pourvoir au remplacement des quatre membres que le sort a désignés, et qui sont MM. le comte de Germiny, le vicomte D. Benoist, A. Revenaz et G. de Fougères.

RÉSOLUTIONS

DE

L'ASSEMBLÉE GÉNÉRALE.

Après la lecture de ce rapport, l'Assemblée est appelée à délibérer sur la question de savoir si elle devra nommer des commissaires spéciaux chargés d'examiner les comptes dont la situation vient d'être présentée par le Conseil d'administration.

Plusieurs actionnaires proposent de déclarer qu'il n'y a pas lieu de nommer des commissaires spéciaux, les membres du Conseil d'administration étant les représentants naturels des actionnaires, et ayant leur confiance la plus entière.

Cette proposition est mise aux voix et adoptée.

Sont adoptées ensuite successivement, les résolutions suivantes :

PREMIÈRE RÉSOLUTION, *relative aux comptes de M. Pouillet et aux forêts de Bretagne.*

« Conformément à la proposition du Conseil d'administration développée dans son rapport, il sera fait emploi, en atténuation du solde restant dû à la Compagnie par M. Pouillet, de tous les bénéfices provenus ou à provenir de la vente : 1° du fonds et de la superficie des forêts de Bretagne, faisant l'objet de l'adjudication du 9 novembre 1842 ; 2° des bois exploités faisant l'objet de l'adjudication du 3 octobre 1842 ; et 3° des baraques de campement, achetées par acte du 29 mars 1842.

» Il sera sursis à toute poursuite contre M. Pouillet, pour raison de sa dette envers la Compagnie, jusqu'à la décision définitive de l'Assemblée générale, à intervenir sur la liquidation de l'affaire des forêts, liquidation dont il sera rendu compte à la prochaine réunion ordinaire *de la Compagnie.* »

DEUXIÈME RÉSOLUTION, *relative au prélèvement éventuel sur les produits en faveur des Directeurs, Ingénieurs et autres Employés de tout grade.*

« Conformément à la proposition du Conseil d'administration, développée dans le rapport, après l'acquittement des charges et l'affectation de 8 0/0 aux actionnaires, il sera fait, s'il y a lieu, distraction de 15 0/0 sur le surplus des produits annuels, pour le montant de ce prélèvement être réparti par le Conseil d'administration entre les employés de la Compagnie, d'après les bases à établir par un règlement qui sera soumis à l'approbation de la prochaine assemblée générale.

» Les art. 55 et 60 des statuts seront modifiés en conséquence de la présente résolution (1). »

---

(1) *Projet de règlement pour la répartition des prélèvements ci-dessus.*

Dans le cas prévu par les art. 55 et 60 des statuts, modifiés suivant la décision de ce jour, lorsqu'il aura été opéré sur les produits de l'entreprise un prélèvement en faveur des Fonctionnaires et Employés de la Compagnie, la répartition en sera faite par le Conseil d'administration, d'après les règles suivantes :

Les Fonctionnaires et Employés de tout grade de la Compagnie seront classés en deux caté-

Troisième Résolution, *relative à la conversion du titre provisoire en deux titres définitifs.*

« Conformément à l'art. 6 des statuts, et à la proposition du Conseil d'administration développée dans le rapport, les titres actuels des actions seront retirés des mains des porteurs, et remplacés, pour chaque action, par deux titres qui porteront le même numéro d'ordre, mais qui pourront être séparés, savoir : une action de capital de 500 f. et une action de dividende.

» L'action de capital donnera droit : 1° à l'intérêt sur le pied de 3 0/0 par an du capital nominal, soit 308 fr. jusqu'au remboursement de ce capital ;

» 2° Au remboursement de ce capital par voie de tirage au sort en 46 ans 324 jours, conformément au tableau qui sera dressé et annexé aux statuts. Ce tirage au sort se fera publiquement à Paris, chaque année, à partir de 1844, aux époques et suivant la forme arrêtée par le Conseil d'administration.

---

gorie. Dans la première seront compris les Directeurs et Ingénieurs, les autres Employés supérieurs que le Conseil croira devoir y appeler. La deuxième catégorie se composera de tous les Employés recevant un traitement annuel, qui ne seront pas compris dans la première catégorie.

Tout Fonctionnaire ou Employé faisant partie de la première catégorie recevra un trois-centième du montant de la somme à répartir par chaque mille francs de son traitement annuel.

Après ce prélèvement opéré en faveur de la première catégorie, le surplus de la somme à répartir sera attribué à la seconde catégorie.

La moitié de la somme afférente à la seconde catégorie sera distribuée, à titre de répartition proportionnelle entre tous les employés indistinctement, au prorata du traitement de chacun d'eux ; le montant de cette répartition sera placé à la caisse d'épargne, ou en rentes sur l'État, sous le nom de chaque employé, pour lui être remis à sa sortie de la Compagnie, ou plutôt sur une autorisation spéciale du Conseil d'administration.

L'autre moitié sera distribuée par le Conseil d'administration, sur la proposition de qui de droit, à titre de gratification extraordinaire, entre ceux des employés qui se seront distingués dans leur service. Le montant des gratifications extraordinaires sera mis immédiatement à la disposition des ayant droit.

» L'action de dividende donnera droit à un quatre-vingt millième des bénéfices nets de l'entreprise, après le prélèvement fixe de 4 0/0 nécessaire pour assurer l'intérêt annuel et le remboursement successif des actions de capital jusqu'à leur entier amortissement, et après les prélèvements éventuels à opérer en faveur des employés, le cas échéant, conformément à la résolution de ce jour.

» Tous les droits ou obligations attachés à la possession ou à la réunion d'un nombre d'actions défini, seront désormais attachés à la possession d'un nombre d'actions double de celui précédemment fixé, et ce nombre pourra être complété, soit en actions de capital, soit en actions de dividende indistinctement.

» Les art. 5, 6, 8, 9, 10, 17, 30, 39, 43, 46, 49, 55, 59, 60, 62, 63 et 64 des statuts, seront modifiés en conséquence de la présente résolution. »

Quatrième Résolution, *relative à la constitution de l'Assemblée générale sur une seconde convocation, sans fixation d'un nombre obligé de voix représentées dans aucun cas.*

« Conformément à la proposition du Conseil d'administration développée dans le rapport, lorsque, sur une première convocation, le nombre des actionnaires présents ou des actions représentées n'aura pas permis de constituer l'Assemblée générale, les délibérations prises dans la seconde réunion régulièrement convoquée à 20 jours d'intervalle seront valables, quel que soit le nombre des membres présents et des actions représentées, *lors même que* ces délibérations seront relatives à la modification éventuelle des statuts, aux demandes d'embranchements et de prolongements du chemin, ou à l'augmentation du fonds social, pourvu toutefois que, dans ces trois cas, elles soient prises à la majorité des deux tiers des voix des membres présents au nombre de trente au moins.

» Les art. 40 et 49 des statuts seront modifiés en conséquence de la présente résolution. »

Cinquième Résolution, *relative à l'abréviation des délais pour le dépôt des titres, et la demande des cartes d'admission à l'Assemblée générale.*

« Conformément à la proposition du Conseil d'administration développée dans le rapport, le délai pour le dépôt des titres et la demande des cartes d'admission à l'Assemblée générale sera réduit de huit jours à trois jours francs.

» L'art. 43 des statuts sera modifié en conséquence de la présente résolution. »

Sixième Résolution, *relative aux changements de rédaction et à l'obtention de l'Ordonnance royale d'approbation.*

« Conformément à la proposition du Conseil d'administration développée dans le rapport, le Conseil d'administration est autorisé à apporter aux statuts toutes les modifications qu'il jugera nécessaires en conséquence des résolutions présentement adoptées par l'Assemblée générale.

» Il est également autorisé à consentir les changements que le gouvernement jugerait nécessaire d'apporter auxdites résolutions.

» Le Comité de direction est autorisé à passer tous actes en conséquence. »

SEPTIÈME RÉSOLUTION, *relative à la prorogation des pouvoirs conférés au Conseil d'administration par l'article 71 des statuts.*

« Conformément à la proposition du Conseil d'administration développée dans le rapport, le Conseil d'administration en fonction jusqu'à la prochaine Assemblée générale ordinaire, est chargé particulièrement de pourvoir à l'achèvement du chemin et de ses dépendances.

» A cet effet, et conformément à l'article 71 des statuts, il pourra choisir le mode qui lui paraîtra le plus favorable tant pour l'acquisition des terrains que pour l'achat des matières, la conduite des travaux et la fourniture du matériel nécessaire à l'exploitation de l'entreprise. Il autorisera les acquisitions et ventes de tous biens meubles et immeubles, la mise en adjudication de tout ou partie des travaux, et les traités à forfait pour tout ou partie de l'entreprise. »

Il est ensuite procédé à la nomination de quatre administrateurs en remplacement des quatre administrateurs sortants, lesquels sont : MM. le comte DE GERMINY, REVENAZ, le vicomte DENIS BENOIST et G. DE FOUGÈRES.

Il est procédé au scrutin secret.

Le nombre des votants est de 109, représentant 305 voix, qui sont réparties de la manière suivante :

MM. G. DE FOUGÈRES	305 voix.
REVENAZ	305
Vicomte BENOIST	301
Comte DE GERMINY	300
BLONDEL	5
TEYSSERENC	1
PACCARD	1
Voix perdues	2

En conséquence, M. G. de Fougères, M. Revenaz, M. le vicomte Benoist et M. le comte de Germiny, sont proclamés membres du Conseil d'administration pour trois années.

Plusieurs membres demandent, qu'avant de se séparer, l'Assemblée vote des remercîments au Conseil d'administration, à M. Jullien, à MM. les Directeurs et Ingénieurs qui ont pris part à l'exécution du chemin de fer de Paris à Orléans.

Cette proposition est accueillie avec une approbation marquée; les remercîments sont votés par acclamation.

La séance est levée.

ANNEXES.

RAPPORT

SUR LES

DÉPENSES DE TRACTION ET D'ENTRETIEN DU MATÉRIEL

COMPARÉES A CELLES QUI RÉSULTERAIENT DU MARCHÉ POUR LA LOCOMOTION SUR LE CHEMIN DE FER DE ROUEN.

Les résultats de l'exploitation d'un chemin de fer dépendent de causes si nombreuses, si variables, qu'il est difficile de comparer deux lignes entre elles, quelque analogues que paraissent les circonstances dans lesquelles elles se trouvent placées. Cette comparaison est cependant le seul moyen de faire avancer la science, d'approcher de la vérité. Ce sont surtout les causes qu'il importe de reconnaître, d'apprécier avec impartialité, d'étudier avec le plus grand soin : sans cette appréciation, le rapprochement brutal, si l'on peut s'exprimer ainsi, des résultats, ne peut conduire qu'aux idées les plus fausses, aux conséquences les plus absurdes.

Le fait le plus saillant est, sans contredit, le produit net d'un chemin rapporté à sa dépense de construction, à la masse des capitaux engagés; ce fait résume tous les autres ; il constitue une ligne bonne ou mauvaise. Le choix du tracé, la nature des pays traversés ou mis en communication, leur population, leur commerce, la valeur des terrains, l'exécution des travaux, les tarifs concédés ou praticables, dominent la question.

La ligne une fois établie, c'est sur l'exploitation que se reporte tout l'intérêt : le produit net amène naturellement l'examen du rapport entre les dépenses et les recettes, rapport sur lequel les tarifs, le mouvement commercial, la longueur de la ligne, ont surtout la plus haute influence, indépendamment de la bonne ou mauvaise administration.

Enfin, parmi les dépenses, les frais de traction et d'entretien du matériel forment une partie essentielle sur laquelle se reporte l'attention.

Ces frais, non plus que tous les autres résultats, ne sauraient être considérés d'une manière absolue: il faut les comparer au travail effectué ; mais à mesure qu'on entre dans les détails, on voit augmenter le nombre des causes qui réagissent entre elles et sur les résultats dont on s'occupe, et il importe d'autant plus d'en apprécier l'influence.

Le traité par la Compagnie du chemin de fer de Paris à Rouen est un fait nouveau dans l'exploitation des chemins de fer en France. En rapportant toute la dépense de traction au nombre de kilomètres parcourus par les trains, ce traité présente au premier abord un terme de comparaison assez simple, d'une application facile aux autres lignes. Mais, pour tirer de cette comparaison des conséquences rationnelles, il est indispensable d'apprécier les éléments des prix portés au traité dont il s'agit, et quelle variation ils doivent subir en passant d'une ligne à une autre.

Dans le traité du chemin de fer de Rouen, le prix de la locomotion est fixé à 1 fr. 10 c. par kilomètre parcouru par chaque train composé de douze voitures et au-dessous ; pour chaque voiture, au-dessous de douze, il doit être payé un douzième en sus, jusqu'à ce que le train ait atteint seize voitures ; s'il y a dix-sept voitures ou plus, il est employé deux locomotives, et le prix de la locomotion est, dans ce cas, de 2 fr. 20 c. par kilomètre, tant que le nombre des voitures ne dépasse pas vingt-quatre. S'il y en a un plus grand nombre, le même principe est appliqué suivant ce qui a été dit pour un train excédant douze voitures.

Le même prix par kilomètre est applicable aux trains de marchandises, tant que le nombre des wagons n'excède pas vingt-cinq, ou le poids net, 100,000 kilogrammes. Pour chaque wagon en plus, ou pour tout accroissement de poids, la Compagnie paie une augmentation proportionnelle jusqu'à ce que le train ait atteint trente-trois wagons, ou 132,000 kilogrammes ; alors est ajoutée une seconde machine, le train est considéré comme double, et paie à raison de 2 fr. 20 c. par kilomètre.

A côté de ces stipulations figurent les dépenses d'entretien du matériel, qui sont fixées de la manière suivante :

Il est payé aux entrepreneurs :

0,0336 par kilomètre parcouru par les voitures de première classe.
0,0168 par kilomètre parcouru par les voitures de deuxième classe, wàgons à bagages, écuries ou trucks.
0,0084 par kilomètre parcouru par les wagons à marchandises.

Moyennant ces allocations, les entreprenenrs sont chargés de toutes les dépenses relatives à la traction, y compris le service de l'eau, et de tous les frais d'entretien du matériel. Ils doivent supporter en outre une dépréciation sur la valeur du matériel mis à leur disposition ; cette dépréciation doit être calculée d'après la durée probable de chaque pièce comparée au service effectué.

L'élément principal, celui de la durée de chaque pièce, est resté indéterminé.

Pour garantie de cette dépréciation, et sans rien préjuger quant à sa quotité réelle, une retenue de 15 0/0 doit être exercée sur les paiements à faire aux entrepreneurs, et réglée en fin d'année.

Les entrepreneurs doivent en dernier lieu tenir compte à la Compagnie, à raison de 5 0/0, de l'intérêt de la valeur des outils et machines mis à leur disposition dans les ateliers de réparation.

Nous avons cherché à apprécier d'après ces données quelle devait être la dépense probable du chemin de fer de Paris à Orléans pour l'année 1844.

Nous avons pu admettre pour base de nos calculs une organisation de service analogue à celle de l'année qui vient de s'écouler, et d'après laquelle :

Le parcours des trains de voyageurs doit être :

Sur la ligne d'Orléans, de.	441,770 kil.
Sur la ligne de Corbeil, de.	152,768
Et le parcours des trains de marchandises, de.	175,680

Mais la composition des trains étant éventuelle, le prix de locomotion, aussi bien que le parcours kilométrique des voitures, restait indéterminé.

Nous avons cherché les éléments dans les faits que présente l'exercice 1843.

Nous avons établi les résultats que donnerait pour cette année le prix de 1 fr. 10 c. par kilomètre, appliqué :

1° Au parcours réel des trains, sans avoir égard à leur composition ;

2° Au même parcours, eu égard à la composition des trains d'après les stipulations du traité de Rouen ;

3° Au même parcours, mais en comptant comme double tout train dépassant douze voitures de voyageurs ou vingt-cinq wagons de marchandises ;

4° Au parcours kilométrique réel des machines.

Enfin on a établi les frais d'entretien du matériel d'après le traité de Rouen et la circulation réelle des voitures.

En comparant ces divers résultats aux premiers, nous avons obtenu des rapports qui nous ont permis de déduire la dépense probable de l'exercice 1844 de la seule donnée du parcours des trains, d'après l'organisation projetée du service.

C'est ainsi que nous sommes arrivés à former un tableau (1) qui

---

(1) Dans les prévisions du budget de 1844 :

Le parcours des trains de voyageurs doit être :

Sur la ligne d'Orléans de.	441,670 kilom.
Sur la ligne de Corbeil de.	152,768
Le parcours des trains de marchandises doit être :	
Sur la ligne d'Orléans de.	175,680

A raison de 1 fr. 10 c. par kilomètre parcouru par les trains, la ligne d'Orléans (voya-

résume les éléments de dépense, et établit pour les frais de traction et d'entretien, d'après les conditions du traité de Rouen, une somme totale de. . . . . 1,088,732 f. 51 c.

Nous avons à examiner maintenant les modifications que doivent amener dans cette appréciation les circonstances particulières dans lesquelles se trouve placé le chemin d'Orléans.

Au premier rang figure le prix du coke. Quelle que soit l'origine de celui qui nous est livré à Paris, la nécessité de traverser Paris, de supporter les frais de transport et les droits sur le canal Saint-Martin, entraîne une augmentation de prix de 3 fr. par 1,000 kilog., eu égard à la valeur de ce combustible sur la Seine au-dessous de Paris.

A Orléans, le prix est encore plus élevé; mais on peut admettre

---

geurs) coûterait.	485,837 f. » c.	
Mais pour tenir compte, conformément au marché de Rouen, de l'augmentation de prix en raison du nombre de voitures, au-delà de douze, dans chaque convoi, il faut y ajouter, d'après l'expérience de 1843, 14 0/0.	68,017 »	
		553,854 f. » c.
La ligne de Corbeil coûterait.	168,044 »	
Il faut y ajouter, par les mêmes motifs, 6 1/2 0/0. . . .	10,082 »	
		178,126 »
Les trains de marchandises coûteraient.	193,248 »	
Il faut y ajouter, par les mêmes motifs, 6 1/2 0/0. . . .	12,561 »	
		205,809 »
Total des frais de traction.		937,789 f. »

Entretien.

D'après 1843, l'entretien du matériel, calculé suivant le marché de Rouen, représenterait sur la ligne d'Orléans, 20,416 0/0 du produit du parcours des trains, calculé à raison de 1 fr. 10 c. par kilomètre. Ce rapport appliqué au parcours prévu des trains, pour 1844, donne sur la ligne d'Orléans.	99,188 f. 48 c.	
Sur la ligne de Corbeil, le rapport est de 16,265 0/0 et donne.	27,332 35	
Pour les marchandises, ce rapport est de 16,638 0/0 et donne.	24,422 68	
Total des frais d'entretien.	150,943 51	150,943 51
Total général.		1,088,732 51

que cette différence est à peu près compensée par la plus grande puissance calorifique du coke de Saint-Étienne. Dès lors la dépense doit être sensiblement la même que si tout l'approvisionnement était fait à Paris, et il suffit d'appliquer à la quantité totale de coke consommé la plus-value de 3 fr. que nous avons indiquée. Sur une consommation totale de 8 millions environ de kilog. de coke, cette plus-value représente une augmentation de dépense de 24,000 fr.

Un autre surcroît de dépense est dû à la rampe d'Étampes, qui exige, pour tous les trains dirigés sur Orléans, l'emploi d'une machine de renfort.

Quant aux autres rampes que présente la ligne d'Orléans, on en rencontre de semblables sur celle de Rouen. Cependant cette dernière ligne ne présente pas comme la nôtre, entre Juvisy et Marolles, sur une longueur de 16,000 mètres, une rampe continue de 3 millimètres à 3 millimètres 1/2.

Enfin, dans l'organisation même du service, on a été conduit à un accroissement de dépense, d'abord par le désir d'arriver à la plus grande régularité possible dans la marche des trains, ensuite par la nature même des services réclamés par le mouvement commercial ou la convenance des voyageurs.

Sur la ligne de Rouen, une latitude de quinze minutes est accordée aux entrepreneurs sur la durée totale du parcours; au delà de ce terme, ils sont soumis à une amende. Mais ils ne peuvent être astreints à aucune pénalité lorsque les retards sont dus à des causes indépendantes de leur volonté, comme les retards aux stations, la neige, la glace sur les rails, la force du vent ou autres circonstances analogues.

Sur la ligne d'Orléans, on a cherché à obtenir la régularité de la marche, non-seulement pour la durée totale du parcours, mais pour chacune des parties, en exigeant que les trains passent aux stations exactement aux heures déterminées à l'avance. Pour garantir, autant que possible, cette régularité, malgré les longues rampes et en présence même des cas de force majeure énumérés plus haut, lorsqu'un train se compose de plus de douze voitures, ou lorsque l'état de l'atmosphère peut faire craindre un ralentissement dans la marche, on attelle une seconde machine.

Les trains sont relayés à Étampes pour que les machines soient toujours en parfait état.

Dans tous les cas, des machines de renfort ou de secours sont constamment tenues en feu à Paris, Corbeil, Étampes, Orléans, Saint-Michel et Toury.

Enfin, pour satisfaire au double service des deux lignes et aux convenances commerciales, trois trains quittent Paris tous les matins avant qu'aucune arrivée ait eu lieu. Deux trains partent également d'Orléans avant aucune arrivée.

La conséquence immédiate de ces diverses combinaisons, c'est que lorsque la ligne de Rouen peut faire son service en allumant chaque jour neuf machines au plus, nous sommes forcés d'en allumer dix-huit.

Savoir, pour le service des voyageurs :

A Corbeil.	1	8
A Paris.	3	
A Étampes.	2	
A Orléans.	2	
Pour le service de réserve.	6	10
Pour le service de nuit des marchandises. . .	4	
Total.		18

Par suite, 32 mécaniciens et autant de chauffeurs figurent dans nos prévisions de dépenses, tandis que, sur la ligne de Rouen, le nombre des mécaniciens est de 16 seulement

Le nombre des départs est sensiblement le même sur la ligne de Rouen et sur celle d'Orléans proprement dite ; si toutes choses étaient égales d'ailleurs, en ajoutant ce qui est nécessaire pour le service spécial de Corbeil, on pourrait faire face à toutes les exigences avec un personnel de 24 mécaniciens et autant de chauffeurs.

L'augmentation résultant des combinaisons particulières que l'on a été conduit à adopter dans l'intérêt bien entendu du service peut donc être évaluée au quart de la dépense totale que comporte cet article.

C'est une somme de 35,000 fr. dont nous avons à tenir compte.

Viennent maintenant les dépenses des dépôts des machines. La ligne de Rouen n'en a que trois sur toute la longueur de son parcours.

Notre double ligne en comporte 6. Le dépôt de Corbeil peut être comparé pour son importance à celui de Mantes, et nous devons considérer comme surcroît de dépense, dans le rapprochement qui nous occupe, celles afférentes aux dépôts d'Étampes, de Toury et de Saint-Michel.

Le personnel seul de ces trois dépôts figure au budget de 1844 pour une somme de	42,731 fr.
Il faut y ajouter pour les dépenses d'entretien, de chauffage, d'éclairage et de menus frais qu'ils occasionnent, le tiers de la dépense totale qui figure au budget pour ces divers articles ; soit	4,600
Total	47,331

Sur les 6 machines de réserve que nous avons en feu chaque jour, 3 seulement seraient nécessaires dans les conditions normales de la ligne de Rouen. Nous aurons donc à tenir compte de la dépense occasionnée par les machines de réserve de Corbeil, de Toury et de Saint-Michel.

La première est en feu pendant 15 heures chaque jour. Les deux autres sont constamment allumées à cause du service de nuit des marchandises : c'est en tout 63 heures de feu, dont chacune ne peut être évaluée à moins de 1 fr. 20 c., et qui donnent une dépense journalière de 75 fr.60 c. Soit par an 27,594 fr.

La machine de renfort parcourt chaque fois 10 kilomètres, distance qui sépare Etampes des aiguilles de Guillerval ; elle en parcourt autant pour revenir à la station; mais comme au retour elle descend par l'effet seul de la pesanteur, il n'y aurait lieu pour ce retour de ne tenir compte que de l'usure de la machine. On peut supposer jusqu'à un certain point que cette usure est compensée par ce fait, que le travail effectué en montant est moindre que pour remorquer un train sur le reste de la ligne, et admettre qu'on tiendra compte de la dépense en ajoutant 1 fr. 10 c. par kilomètre parcouru par la machine de renfort à la remonte.

Le nombre de trains montant sur Orléans doit être, dans l'année, de 2,403. C'est, pour la machine de renfort, un parcours annuel de 24,030 kilomètres, qui, à 1 fr. 10 c., représentent la somme de 26,433 fr.

Il faudrait enfin tenir compte de la dépense qui résulte de l'emploi habituel de deux machines toutes les fois que le train se compose de plus de 12 voitures, ou que quelque circonstance étrangère fait craindre une irrégularité dans sa marche, de celle qui résulte de la rampe continue qui s'étend de Juvisy à Marolles, enfin de la charge moyenne des trains, qui, sur Corbeil, par exemple, sont presque toujours complétés par des wagons de marchandises.

Mais les appréciations deviennent ici trop incertaines pour être rationnellement traduites en chiffres, et nous ne pouvons qu'indiquer pour ordre ces motifs d'une augmentation dans les frais de traction.

En récapitulant, nous trouvons :

Pour différence dans la valeur du coke.	24,000 f.
Pour augmentation dans le personnel des mécaniciens.	35,000
Pour dépense des trois dépôts de machines.	47,330
Pour dépense des trois machines de réserve. . . .	27,594
Pour le travail de la machine de renfort sur la rampe d'Étampes.	26,433
Total.	160,357

Cette somme représente 16 0/0 de celle que nous avons trouvée précédemment pour la dépense totale de traction et d'entretien calculée d'après les conditions du marché de Rouen. En l'ajoutant à celle-ci, nous arrivons à un total de. . . . . 1,249,089 f. 51 c.

D'autre part. . . . . 1,249,089 f. 51 c.

Pour rester toujours dans les termes de la comparaison que nous cherchons à établir, il faut en déduire le prix de location de l'outillage des ateliers et du mobilier des dépôts mis à la disposition du service de traction.

Le chiffre total de l'outillage des ateliers au 1er janvier 1844 est de. . . . . 227,740 f.

Celui du mobilier des 5 dépôts est de. 43,773

Total. 271,513

Dont l'intérêt à 5 0/0 est de. . . . . . . 13,575 »

Reste. 1,235,514 51

pour la somme à débourser par la Compagnie pour les frais de traction et d'entretien.

Ces mêmes frais, calculés d'après l'expérience des années précédentes, figurent au budget de 1844 pour une somme de. . . . . 1,073,895 f. »

Nous y avons ajouté, pour faire face à toutes les éventualités, sous le titre de Renouvellement du matériel, une somme de. . . . . 150,000 »

représentant 15 0/0 de la première : c'est la retenue stipulée dans le marché de Rouen pour répondre de la dépréciation du matériel.

La somme totale a ainsi été portée à. . . . 1,223,895 »

Mais pour terminer le rapprochement, il faut déduire la somme portée annuellement dans nos comptes pour les intérêts du capital employé ; soit. 25,000 »

Nous arriverons ainsi à un chiffre de. . . . . 1,198,895 »

pour nos dépenses prévues, qui, mis en regard de

D'autre part.	198,895	»
celui résultant de l'application du marché de Rouen, soit.	1,235,514	51
présente une différence à notre avantage de. . .	36,619	51

Cette somme, jointe au bénéfice annuel qu'offre le compte particulier des ateliers en dehors des intérêts dont nous avons fait mention, peut être considérée comme représentant le bénéfice de l'entrepreneur.

RAPPORT

SUR

L'AFFAIRE DES FORETS DE BRETAGNE.

Lorsqu'en 1838, après plusieurs années d'étude et de discussion, le gouvernement et les chambres eurent adopté d'accord, le système de l'exécution des chemins de fer par les Compagnies, et concédé, dans ce système, les deux chemins de fer de Paris à Orléans et de Paris à la mer, le prix des bois s'éleva tout-à-coup d'une manière démesurée, et la Compagnie d'Orléans, en particulier, se vit menacée de payer à raison de 100 et 110 francs le stère, les 30,000 stères de bois dont elle allait avoir besoin (1).

Pour échapper à la spéculation, qui s'était rendue maîtresse du marché, un moyen fut alors présenté à la Compagnie, et ce moyen fut adopté par le Conseil d'administration après mûr examen.

M. Pouillet, l'un des premiers entrepreneurs de charpente de la ca-

---

(1) En juin 1841, la fourniture des traverses pour les deux chemins du Nord exécutés par l'État, a encore été adjugée au prix de 119 fr. 25 c. pour le chemin de Valenciennes, et de 123 fr. pour le chemin de Lille.

pitale, offrit de soumissionner la fourniture des traverses nécessaires au chemin, soit 30,000 stères au moins et 40,000 stères au plus, dont 10,000 stères, dans tous les cas, livrables sur les ports de la Seine entre Paris et Corbeil, et le surplus livrable sur la Loire à Orléans, au prix de 80 fr. sur la Seine, et de 73 fr. sur la Loire ; plus pour transport dans les chantiers de la Compagnie et débitage des traverses, 7 fr. par stère, et pour pose des coussinets, 3 fr.; le tout sous les conditions suivantes :

1° Que la Compagnie se nantirait, au moyen d'une acquisition en son propre nom, des superficies de trois futaies connues sous le nom de Bodelio, Coëtzo et Brambien, et situées près de Rochefort-en-Terre, dans le département du Morbihan ; tandis que, de son côté, M. Pouillet achèterait le fonds de ces futaies en son nom personnel ;

2° Que ces futaies seraient exploitées par M. Pouillet sous le nom de la Compagnie en vertu de ses pouvoirs, mais aux compte, frais, risques et périls de ce dernier, qui emploierait les bois à en provenir à la fourniture des traverses de la Compagnie, sauf à vendre au commerce ce qui excéderait cette fourniture ;

3° Que la Compagnie se rembourserait des avances par elles faites pour le prix d'acquisition de ces superficies, qui devait s'élever à 1,210,000 fr. (et qui s'éleva à 1,219,132 fr. 94c.), ainsi que des intérêts de ce prix, au moyen de retenues dont le montant serait porté au crédit du compte courant de M. Pouillet, savoir :

Pour chaque stère de bois à elle livré sur la Loire, une somme de.	49 fr. »
Pour chaque stère de bois qui pourrait lui être livré sur les ports de la Seine, au-delà des premiers 10,000 stères.	53 fr. »
Pour chaque stère de bois livré au commerce. . . .	30 fr. »

4° Qu'aussitôt que la Compagnie serait remboursée de la totalité de la créance sur M. Pouillet en principal et accessoires, soit par les rentrées et compensations ci-dessus, soit par les autres moyens que pourrait prendre M. Pouillet, la Compagnie devrait rétrocéder purement et simplement à M. Pouillet, d'après le mode qu'il indiquerait, la superficie des forêts ou ce qui en resterait ;

5° Que tous les frais et faux frais, tant d'acquisition que d'administration et exploitation résultant des conventions ci-dessus, seraient à la charge exclusive de M. Pouillet ; qu'en conséquence la Compagnie lui ouvrirait un compte courant, un crédit de 115,000 fr. hypothéqué sur le fonds desdites futaies acquises par lui en son nom personnel.

L'ensemble de ces propositions ayant été agréé par le Conseil le 7 novembre 1838, les conditions particulières de la fourniture des traverses furent déterminées par un cahier de charges en date du 9 novembre 1838, et l'acquisition de la superficie des forêts fut réalisée dans les termes précédemment indiqués par acte authentique du 9 janvier 1839.

Le 16 du même mois, et par un autre acte authentique, le crédit de 115,000 fr. fut ouvert par la Compagnie à M. Pouillet, et l'affectation hypothécaire sur le fonds des futaies fut consentie par ce dernier, avec convention expresse que les sommes avancées par la Compagnie, par suite de cette ouverture de crédit, lui seraient remboursées, en principal et intérêts, au plus tard le 1er juillet 1841.

Par suite, tant de l'acquisition des superficies dont le prix fut payé comptant, que des versements faits à M. Pouillet sur son crédit à des époques très-rapprochées, la Compagnie se trouva, au 1er septembre 1839, avoir déboursé une somme totale de 1,336,766 fr. 19 c.

Mais l'exécution du chemin de fer que l'on considérait comme immédiate au moment des conventions analysées ci-dessus, se trouva, dès le lendemain pour ainsi dire de ces conventions, suspendue, partiellement du moins, par la crise financière et commerciale qui survint à cette époque.

Toutefois, malgré les embarras et les difficultés qui furent la conséquence de cette crise pour les Compagnies de chemins de fer en particulier, la Compagnie d'Orléans commença et poursuivit avec activité la construction du chemin de Paris à Corbeil. Quant à la partie de Juvisy à Orléans, le Conseil en suspendit l'exécution jusqu'à ce qu'il eût obtenu certaines modifications indispensables aux conditions de sa concession.

Le temps ayant manqué pour mener à fin la négociation dans la session de 1839, M. Dufaure, alors ministre des travaux publics, fit rendre, sous la date du 1er août, une loi transitoire qui accorda provisoirement à la Compagnie d'Orléans l'autorisation de renoncer, jusqu'au 1er janvier 1841, à cette partie de la concession, avec la condition expresse qu'en cas de renonciation dans le délai fixé, l'État pourrait racheter la partie de chemin confectionnée, en remboursant à la Compagnie ses dépenses utiles, et en se mettant à son lieu et place pour les engagements utilement contractés sur la ligne de Juvisy à Orléans, ce qui comprenait nécessairement le marché des traverses avec le sieur Pouillet.

Cependant à l'occasion des modifications à demander dans les conditions de la concession, quelque dissentiment s'éleva dans le sein du Conseil ; plusieurs membres se retirèrent à la fin de l'année 1839. Mais dans le cours de la session suivante, les conditions auxquelles s'était ralliée la majorité du Conseil obtinrent l'adhésion du Gouvernement et des Chambres, consacrée par la loi du 15 juillet 1840.

On le comprend sans peine, l'exécution des conventions concernant les futaies de Bretagne et le marché de fourniture de M. Pouillet dut être nécessairement arrêtée pendant tout cet espace de temps.

Ainsi l'abattage des bois, qui devait se commencer immédiatement sur une grande échelle, fut de fait restreint à quelques hectares seulement pendant l'hiver de 1838 et 1839, et même pendant l'hiver suivant. De nouveaux arrangements devinrent alors nécessaires pour régler la position respective des parties ; et à la date du 30 janvier 1840, il fut arrêté d'accord que toutes les conventions antérieures seraient considérées comme suspendues dans leur exécution pendant une année, du 7 novembre 1839 au 7 novembre 1840.

Mais comme il résultait de ce retard un préjudice réel pour M Pouillet, le Conseil se trouva conduit à consentir à titre de dédommagement :

1° La suspension d'intérêts pendant l'année, à courir du 7 novembre 1839 au 7 novembre 1840, sur toute somme déboursée par la Compagnie, tant pour l'acquisition des superficies que pour avances faites à M. Pouillet ;

2° Le remboursement par la Compagnie à M. Pouillet de l'intérêt de son prix d'acquisition du fonds des forêts, et de ses frais d'administration pendant le même espace de temps ;

3° La renonciation par la Compagnie à exercer la retenue de 30 fr. sur les bois précédemment abattus que M. Pouillet pourrait vendre au commerce, et une réduction sur le taux même de la retenue à exercer pour les petits bois à exploiter ultérieurement;

4° Enfin l'obligation par la Compagnie de prêter à M. Pouillet, avec subrogation dans le privilége de vendeur, une somme de 100,000 fr. pour le premier payement à faire en septembre 1840, sur le prix du fonds des forêts;

5° L'attribution à M. Pouillet d'une bonification de 25,000 fr. que la Compagnie avait personnellement obtenue du vendeur des superficies, en raison du payement comptant ;

6° Enfin une indemnité de 31,250 fr. pour raison de la réduction éventuelle de ses livraisons de bois sur la Seine, de 10,000 à 7,500 stères seulement.

De son côté, M. Pouillet, en acceptant cet ajournement sous les conditions qui précèdent, se réserva formellement l'exécution des conventions ajournées, à partir du terme nouvellement fixé, 7 novembre 1840, sans novation ni dérogation par conséquent avec toutes les chances de perte ou de gain qui résultaient pour lui des arrangements originaires.

Comme on l'a déjà dit, dès le 15 juillet 1840, l'exécution du chemin de fer d'Orléans n'était plus douteuse; cependant il restait encore de nombreuses formalités à remplir comme conséquences de la loi nouvelle.

L'assemblée générale fut immédiatement convoquée pour le 8 août suivant; mais elle ne donna son adhésion au cahier des charges modifié que sous la condition expresse « que le service des intérêts à 4 0/0, » pendant la durée des travaux, serait autorisé et considéré comme « l'une des dépenses garanties par l'État. »

Il fallut donc reprendre les négociations avec l'Administration publique pour faire insérer cette clause dans les statuts nouveaux de la Compagnie. L'ordonnance d'approbation ne put être obtenue que le 31 janvier 1841.

Ce fut alors seulement que l'on put entreprendre l'exécution du chemin de fer de Juvisy à Orléans.

Alors aussi M. Pouillet vint demander à la Compagnie, conformément d'ailleurs au cahier de charges du 9 novembre 1838, l'autorisation de tirer des forêts de la Nièvre les bois dont la livraison devait être reprise à partir du 15 août 1841.

Cette proposition avantageuse pour M. Pouillet, en raison de la différence des frais de transport à la descente ou à la remonte de la Loire, et en raison du prix du bois qui était retombé à son taux ordinaire, était également avantageuse pour la Compagnie ; car les bois du Nivernais étaient abattus, en partie du moins, tandis que les bois de Bretagne ne l'étaient pas ; et comme la loi nouvelle n'avait pas prolongé le délai fixé par la loi de concession, il n'y avait pas un instant à perdre pour pouvoir terminer en deux ans et cinq mois cette grande ligne qui comprenait une étendue de plus de 100 kilomètres.

Cette autorisation lui fut donc accordée par un ordre de service du 12 avril 1841, sous toute réserve des droits de la Compagnie, en ce qui concernait le remboursement de ses avances pour les bois de Bretagne, conformément aux conventions antérieures.

Ici se présenta la plus sérieuse des difficultés.

Sur les bois de la Nièvre comme sur les bois de Bretagne, la Compagnie était en droit de retenir à M. Pouillet une somme de 49 fr. par stère; mais M. Pouillet n'avait pas stipulé cette retenue à l'égard de ses sous-traitants, et d'un autre côté il n'était pas en mesure de faire l'avance de cette somme aux marchands de bois avec lesquels il avait traité. Par suite, lorsque le moment de la livraison fut venu, ceux-ci refusèrent de se dessaisir de leurs bois, jusqu'à ce que leur paiement intégral fût complétement assuré.

La conséquence de ce fait, c'était l'impossibilité matérielle, pour M. Pouillet, de remplir ses obligations envers la Compagnie ; c'était pour la Compagnie l'impossibilité de continuer ses travaux et de les terminer.

En conséquence, M. Pouillet fut appelé devant arbitres pour voir régler entre lui et la Compagnie les nombreuses questions que cette circonstance venait de soulever ; et, par sentence arbitrale du 20 septembre 1841, il fut décidé en substance :

1° Que la Compagnie était dès à présent autorisée, à défaut par M. Pouillet d'exécuter les conventions de son marché, à traiter avec tel fournisseur que bon lui semblerait, aux prix, charges, clauses et conditions qui seraient par elle débattus, et aux risques et périls de M. Pouillet, pour la livraison de tous les bois que ce dernier était tenu d'effectuer, soit sur les ports de la Seine, soit sur les ports de la Loire ;

2° Que les augmentations ou diminutions de prix résultant des marchés d'urgence seraient à perte ou profit pour M. Pouillet, sans toutefois que les diminutions pussent être par lui exigées autrement qu'en déduction des sommes qu'il devait ou pouvait devoir à la Compagnie ;

3° Que M. Pouillet cesserait l'administration et exploitation des forêts de Bretagne, et que la Compagnie reprendrait lesdites administrations et exploitations aux risques et périls de M. Pouillet, avec autorisation de faire procéder à la vente soit totale, soit partielle des superficies exploitées ou à exploiter, ainsi que de leurs produits, mais seulement aux enchères publiques et par officiers à ce compétents, pour le prix à provenir desdites ventes, déduction faite des frais de gestion et d'exploitation, venir en compte entre les parties dans les termes de leurs engagements respectifs ;

4° Que M. Pouillet se reconnaissant débiteur envers la Compagnie d'une somme de 93,409 f. 40 c., excédant les avances dont elle était tenue envers lui, cette somme resterait portée au débit de son compte courant, et qu'il jouirait, par le remboursement de cet excédant et des intérêts, des facilités à lui accordées pour le surplus du débit de son compte.

En exécution de cette sentence, un marché fut immédiatement signé avec les sous-traitants de M. Pouillet, aux mêmes prix et conditions sus-indiqués du marché de M. Pouillet, sauf une bonification de 3 0/0 à titre d'escompte. Ce marché a été exécuté, depuis lors, avec exactitude et à la satisfaction de la Compagnie.

Quant aux forêts de Bretagne, M. Pouillet avait, il est vrai, en vertu des autorisations antérieures à la sentence, vendu, sans qu'il ait été opéré de retenues, des bois pour une valeur qu'il est impossible de déterminer. Cependant, au 31 décembre 1841, les bois exploités, existant tant dans les forêts que sur les ports, représentaient encore une valeur importante ; et, d'un autre côté, M. Pouillet avait fait des améliorations sur les fonds dont il était propriétaire. Ainsi deux fermes avaient été créées ; 100 hectares de terre avaient été mis en plein rapport ; une maison d'habitation modeste, mais suffisante, s'était élevée au milieu du parc de Bodelio. Toutes ces améliorations, au dire de M. Pouillet, lui avaient coûté de ses deniers personnels, et en sus du produit de ces ventes, une somme de plus de 90,000 fr.

Malheureusement pour M. Pouillet, si ces dépenses augmentaient la valeur du fonds des forêts, elles ne diminuaient pas la dette qu'il avait contractée lorsqu'il en avait fait l'acquisition.

Un premier à-compte de 100,000 fr. avait été payé par la Compagnie, avec subrogation dans le privilége du vendeur ; mais le solde du prix, c'est-à-dire une somme de 150,000 fr., était exigible, et M. Pouillet n'était pas en position de le payer.

Cependant, la saisie immobilière ou la demande en résiliation faute de payement, dont M. Pouillet était menacé par le vendeur, présentait pour la Compagnie un inconvénient des plus graves, celui de faire passer le fonds des forêts à un autre propriétaire qui n'eût pas été, comme M. Pouillet, personnellement inadmissible à se plaindre du retard dans l'enlèvement des superficies, au delà du 1er octobre 1843.

Pour éviter le danger de cette complication et les procès nouveaux qui pouvaient en être la conséquence, le Conseil d'administration se détermina alors à avancer cette somme de **150,000 fr.**, qui lui semblait d'ailleurs suffisamment garantie par la subrogation dans le privilége du vendeur, et par l'augmentation de valeur du fonds des forêts dont on vient de rendre compte.

Mais, en faisant cette nouvelle avance, le Conseil décida également que l'on prendrait sans retard toutes mesures nécessaires pour arriver, dans le plus bref délai possible, à la liquidation de l'affaire concernant M. Pouillet et les forêts.

En conséquence, il fut immédiatement procédé, en vertu de la sentence arbitrale, à la reprise de possession des superficies, et, en vertu des droits hypothécaires de la Compagnie, à la saisie immobilière du fonds des forêts de Bretagne.

Par suite, et après plusieurs incidents de procédure, l'adjudication des bois abattus fut indiquée, pour le 3 octobre, chez M. Huillier, notaire à Paris; celle des superficies et du fonds des forêts réunis, à l'audience des criées du tribunal de la Seine, pour le 9 novembre suivant.

Dans cette situation, le Conseil dut examiner sérieusement s'il convenait mieux aux intérêts de la Compagnie d'enchérir ou de ne pas enchérir sur cette double adjudication. C'était évidemment une question de chiffres, et après s'être entouré de tous les renseignements nécessaires, il fixa la somme jusqu'à laquelle les enchères seraient suivies, au nom et pour le compte de la Compagnie.

Plusieurs adjudicataires sérieux suivirent les enchères jusqu'à ce qu'enfin la Compagnie, contre laquelle ils ne voulurent pas lutter plus longtemps, restât adjudicataire, savoir :

Des bois abattus, moyennant.................. 65,100 fr.

Et des forêts (fonds et superficie debout), moyennant.................................... 901,000

ce qui, avec les frais, porta le coût d'acquisition totale à une somme ronde d'un million.

Quant à la ventilation à faire du prix de 901,000 fr. entre le fonds appartenant à M. Pouillet et les superficies appartenant à la Compagnie, les bases en avaient été posées à l'avance par un jugement, et elles donnèrent les résultats suivants :

Pour la Compagnie, prix de la superficie.....	682,575 fr.	75 c.
Pour M. Pouillet, prix du fonds...........	218,424	25

Ce double résultat, comme on l'aperçoit, laissait un découvert immense sur l'ensemble des avances qui pesaient sur M. Pouillet.

Le fonds des futaies devait à la Compagnie 250,000 fr. par privilége, sans compter l'hypothèque résultant du crédit ouvert et depuis longtemps épuisé; il s'en fallait donc beaucoup que la Compagnie ne fût remboursée sur ce gage.

Sur les superficies, la différence était bien plus considérable encore, car son compte général était débiteur, au 9 novembre 1843, sauf certaines déductions dont il sera parlé tout à l'heure, d'une somme

de....................................	810,222 fr.	06 c.
Dont en capital environ..................	610,000	»
Et en intérêt...........................	200,000	»

Un chiffre aussi élevé, aussi disproportionné avec les ressources de toute nature que pouvait posséder M. Pouillet, appela les délibérations les plus sérieuses du Conseil d'administration.

Vouloir exiger le payement de cette somme, c'eût été non-seulement tenter l'impossible, mais c'eût été mettre en faillite immédiate un entrepreneur dont la Compagnie n'avait eu qu'à se louer dans l'exécution de ses travaux; c'eût été se priver de son concours au moment où il était plus que jamais indispensable, car il ne fallait rien moins que le zèle de M. Pouillet et la puissance d'organisation de son personnel employé tout entier à la pose de la voie d'Orléans et à l'achèvement des ouvrages de charpente, pour assurer l'ouverture du chemin à l'époque qui avait été solennement annoncée, c'est-à-dire au commencement de mai 1843.

Dans l'intérêt même de la Compagnie, le Conseil arrêta donc en principe :

Que provisoirement, et sauf à statuer plus tard ce qu'il appartiendrait, il ne serait à l'avenir porté aucun intérêt au débit du compte ci-dessus, ni exercé aucune poursuite pour contraindre le payement du reliquat de ce compte.

Mais en même temps le Conseil veilla avec le plus grand soin à ce que l'on suivît tous les recouvrements, à ce que l'on obtînt de M. Pouillet toutes les remises qui pouvaient venir en déduction de la créance.

Ainsi, les prix de vente des bois touchés par la Compagnie, depùis la sentence arbitrale, vinrent diminuer le passif de 33,209 fr. 02 c.

La différence entre le prix du fonds des forêts payé par subrogation, et le prix du même fonds résultant de l'adjudication, fut également remboursée, soit. . 31,575 75

Enfin, divers autres recouvrements furent opérés à la décharge du compte général, lesquels, avec les deux sommes ci-dessus, complétèrent un chiffre total de 100,000 fr. environ.

La dette de M. Pouillet se trouve ainsi réduite, au 31 décembre 1843, à 712,518 fr. 19 c. y compris 200,000 fr. d'intérêts.

Telle est donc, en résumé, la situation de la Compagnie dans l'affaire des forêts de Bretagne :

Elle est propriétaire des bois abattus moyennant, avec les frais.	67,587 fr.	55 c.
Elle est propriétaire des futaies, fonds et superficies, moyennant, avec les frais.	918,380	37
Prix total.	985,967 fr.	92 c.

Elle a sur M. Pouillet une créance hypothécaire de.	93,409 fr.	40 c.
Et une créance chirographaire de.	619,109	79
Créance totale.	712,519 fr.	19 c.

Mais la position actuelle de M. Pouillet ne lui permet pas de s'acquitter de cette dette, et ne lui permettra sans doute jamais de s'en acquitter intégralement.

Quant aux bois abattus, déjà la Compagnie a pu réaliser, sur son prix d'acquisition, un certain bénéfice; car, au 31 décembre 1843, le montant des ventes s'était élevé à la somme de...	88,378 fr. 98 c.
Et il restait encore des bois pour une valeur, d'après inventaire, de......................	18,422 44
Total............	106,801 fr. 42 c.
Le prix d'acquisition étant de............	67,587 fr. 55 c.
Le bénéfice total sur cette opération pourra donc, en définitive, s'élever à....................	39,213 87

D'un autre côté, les forêts elles-mêmes, de quelque manière que la Compagnie croie devoir en tirer parti, devront présenter aussi un bénéfice plus ou moins considérable sur le prix d'acquisition ; car la valeur s'en est naturellement accrue, puisque depuis, l'adjudication, aucune exploitation n'a été faite ; et elle s'accroîtra d'une manière bien plus sensible encore si, dans cette session même, plusieurs chemins de fer sont décidés pour être exécutés immédiatement sur la Loire, sur la Seine et dans le Nord en même temps.

Toutefois il est impossible d'indiquer, même approximativement, à l'avance, la plus value que cette dernière opération devra présenter.

A ces deux premières causes d'atténuation sur l'ensemble des pertes que peut redouter la Compagnie, une troisième peut se joindre encore, étrangère, il est vrai, aux forêts de Bretagne, mais se rattachant aux affaires personnelles de M. Pouillet.

C'est l'acquisition des baraques de campement que ce dernier avait construites pour le logement des troupes employées aux fortifications.

Il est inutile de rappeler ici comment, sur les pressantes sollicitations de M. Pouillet, et par des considérations puisées dans l'intérêt même de la Compagnie, le Conseil a été conduit à se rendre acquéreur de cette propriété.

Mais il est à propos d'indiquer que la revente d'un tiers de ces baraques à l'Etat et des matériaux provenant des autres deux tiers, a déjà produit, ou produira, selon toute apparence, un bénéfice net de 90,000 fr. environ.

En dernière analyse, si l'on comptait, en déduction de la dette de M. Pouillet, montant à 712,000 fr., et en compensation de la perte éventuelle qui peut en résulter, les bénéfices assurés dès à présent sur l'acquisition des bois exploités et des baraques de campement, soit 130,000 fr. environ, on aperçoit que toutes les chances de perte pour la Compagnie seraient dès à présent limitées à un chiffre de 582,000 f. seulement, et ce compris 200,000 fr. d'intérêts.

Cette compensation, il a toujours été dans l'intention du Conseil de l'établir; mais comme elle est purement volontaire, il n'a pas voulu le faire sans avoir préalablement obtenu le consentement de l'Assemblée générale.

Son intention, au surplus, s'explique par des motifs trop honorables pour qu'ils ne rallient pas l'unanimité des suffrages.

Serait-il, en effet, digne de la Compagnie de s'approprier les bénéfices de ces dernières opérations, quand ces opérations, il faut bien le dire, elle les a faites en dehors de son objet commercial, non pas pour en tirer un profit personnel, mais pour échapper aux dangers qui résultaient pour elle de la situation fâcheuse de son principal entrepreneur, et dans le but unique d'assurer l'exécution de ses propres engagements envers l'Etat?

Sur une question de cette nature, il n'y a pas de discussion possible, et l'Assemblée générale, sans aucun doute, adoptera les résolutions qui lui seront présentées sur ce premier point.

Dans cette supposition, la dette de M. Pouillet, compris l'hypothèque judiciaire de 93,409 fr. 40 c., serait réduite dès à présent à la somme de 644,587 fr. 63 c., et se réduirait successivement de tout ce qui serait ultérieurement recouvré, par suite de revente, en excédant des prix d'acquisition des trois propriétés sus-indiquées.

Après cette première question, une autre encore restera à résoudre, sur laquelle le Conseil a pris également une décision provisoire, qui doit être aussi soumise à l'Assemblée générale.

La dette de M. Pouillet envers la Compagnie ne peut pas être contestée ; mais après la réduction même dont on vient de parler, elle dépassera de beaucoup son avoir, et le paiement n'en pourrait pas être actuellement exigé sans que par cela même tout moyen lui fût ôté de continuer son industrie et de réparer ses pertes dans l'avenir.

Convient-il à la Compagnie d'user de semblable rigueur envers un entrepreneur dont le service a toujours mérité les plus grands éloges? Lui convient-il, lorsque l'acquisition originaire des forêts de Bretagne a assuré le grand résultat qu'elle avait en vue, c'est-à-dire la réduction du prix des bois et l'exécution même du chemin, lui convient-il de ruiner d'un seul coup et sur l'heure, pour une dette qui provient de ces mêmes forêts, celui qui avait conçu cette pensée, qui l'a proposée comme un moyen de succès assuré, qui l'a suivie dans la mauvaise comme dans la bonne fortune, jusqu'à ce que le but fût atteint, c'est-à-dire jusqu'à ce que le chemin fût terminé ?

Le Conseil ne l'a pas cru ; car, par une délibération du 25 novembre 1842, il a autorisé la Direction, jusqu'à ce qu'il en fût autrement décidé, à surseoir à toute poursuite pour parvenir au recouvrement de la dette de M. Pouillet.

Sur ce point la ratification de l'Assemblée générale est nécessaire ; elle devra lui être demandée dans les termes mêmes de la décision du 25 novembre, c'est-à-dire à titre également provisoire et purement facultatif.

Plus tard, lorsque les forêts auront été revendues, la question sera présentée de nouveau, et l'Assemblée générale aura à adopter alors une solution définitive sur un compte complétement apuré.

Alors elle connaîtra l'importance du sacrifice qu'elle pourrait avoir à supporter, et elle sera libre de donner à un entrepreneur malheureux et de bonne foi un nouveau témoignage de satisfaction que ses excellents services, nous ne craignons pas de le dire, ont, dès à présent, bien mérité.

RAPPORT

FAIT AU CONSEIL D'ADMINISTRATION PAR M. LE PRÉSIDENT AU NOM D'UNE COMMISSION SPÉCIALE CHARGÉE DE L'EXAMEN DE LA PROPOSITION D'UNE PARTICIPATION AUX BÉNÉFICES A ACCORDER AUX FONCTIONNAIRES ET EMPLOYÉS DE TOUS GRADES DE LA COMPAGNIE (1).

MESSIEURS,

Vous avez renvoyé à l'examen d'une Commission spéciale la proposition que j'ai eu l'honneur de vous faire, d'intéresser aux bénéfices futurs de l'entreprise pour un quantum et dans des proportions à déterminer, les fonctionnaires et employés de tous grades de la Compagnie.

La Commission a compris toute l'importance de la question soulevée, et elle n'a pas consacré moins de trois longues séances à sa discussion.

Elle a examiné cette proposition aux divers points de vue de l'utilité, de l'opportunité, de la légalité, et enfin du quantum de l'intérêt à accorder et des proportions à établir entre les diverses catégories d'employés.

C'est le résultat de son travail que j'ai l'honneur d'apporter au Conseil et de soumettre à ses délibérations.

---

(1) Cette Commission était composée de MM. de Gascq, comte de Germiny, comte Jaubert et A. de Waru.

PREMIÈRE PARTIE.

§ Ier. — DE L'UTILITÉ DE LA MESURE.

La Commission a été unanime sur cette question. Elle a pensé qu'il appartient essentiellement à une Compagnie comme la nôtre de donner l'exemple d'un acte de bonne administration et de sage prévoyance pour ses employés ; acte qui, moralement et matériellement, ne peut avoir, au dedans comme au dehors, que les meilleurs effets.

Car la Commission a reconnu qu'intéresser aux succès de la Compagnie tous ceux qui, attachés à son service à un titre quelconque, travaillent pour elle et peuvent contribuer à sa prospérité et à sa bonne renommée (nous expliquerons plus loin les différentes catégories que nous proposons d'établir), c'était tout à la fois :

Stimuler le zèle, récompenser les efforts; élever les employés à leurs yeux et aux yeux du public ; *attirer* et *retenir* les capacités;

Créer des garanties à la Compagnie;

Tendre constamment à augmenter les produits et à diminuer les dépenses.

Toutes choses excellentes et dont la Compagnie recueillera elle-même directement et indirectement les fruits.

La Commission a donc admis à l'unanimité le principe de l'utilité de la mesure.

Restait à examiner la question de l'opportunité.

§ II. — DE L'OPPORTUNITÉ.

Sur ce point, il n'y a pas eu d'abord la même unanimité. Quelques membres de la Commission pensaient qu'il serait plus convenable de n'apporter la question à l'assemblée générale que lorsque les bénéfices auraient été acquis, et à l'époque de leur répartition ; mais il a été répondu que le moment le plus convenable d'en saisir les actionnaires était celui où nous nous trouvions, puisque c'était celui de l'ouverture légale de l'exploitation ; qu'en général l'usage était de promettre une participation à des produits *futurs*, non à des produits acquis, afin d'exciter les intéressés à rendre ces produits aussi importants que possible ; que cette excitation était l'un des principaux motifs de la proposition ; que donner une part d'une chose acquise, ce serait simplement donner une *gratification*, ce qui n'était pas le but de la proposition ; que, d'ailleurs, il serait beaucoup plus difficile d'obtenir de l'Assemblée générale l'abandon d'une somme fixe, connue d'avance, acquise déjà aux actionnaires, quand le cours des actions se serait établi en conséquence de ces bénéfices, que d'obtenir d'elle la promesse d'une participation dans un bénéfice futur et éventuel qui pourrait être raisonnablement supposé plus ou moins considérable, suivant le zèle et l'intelligence des employés intéressés à le produire.

Ces considérations ont fait disparaître toute hésitation, et, en définitive, l'opinion unanime de la Commission a encore été qu'il y avait lieu de soumettre à la prochaine assemblée générale la proposition telle qu'elle sortirait des délibérations du Conseil.

La question de l'utilité et de l'opportunité de la mesure résolue, la Commission a passé à l'examen de la question de la légalité.

§ III. — LÉGALITÉ DE LA MESURE.

Ici encore des doutes se sont élevés ; quelques membres craignaient que la constitution de notre Société ne se prêtât pas à la mesure proposée. D'autres soutenaient au contraire que dans tous les cas, en thèse générale, des associés peuvent donner à leurs bénéfices telle destination qu'ils veulent ; que personne n'a le droit de s'y opposer ; que, pour cela, il suffit qu'ils soient d'accord entre eux. Cette manière de voir soulevait la question de l'approbation de l'assemblée générale. La Commission a été unanime pour en reconnaître la nécessité.

Alors est venue la question de savoir si l'autorisation serait renouvelée tous les ans. Pour éviter de recourir chaque année à une approbation qui soulèverait peut-être des discussions pénibles pour les personnes qui en seraient l'objet, on avait proposé de rendre l'autorisation, une fois obtenue, valable jusqu'à révocation. Mais encore ici on ne pouvait s'affranchir du danger de la demande fréquente de cette révocation. Enfin, cette marche laissait à la mesure un caractère d'instabilité tout à fait contraire à l'esprit de la proposition.

Après de longues discussions, la Commission s'est arrêtée à un moyen qui fait disparaître tous les doutes, lève toutes les difficultés, et présente l'avantage précieux d'élever la mesure proposée au rang d'une institution durable, à l'abri de l'inconstance des décisions d'assemblées composées d'éléments constamment variables : ce moyen, c'est l'introduction d'une clause spéciale clairement et nettement énoncée dans les statuts de la Société.

Les modifications que ces statuts devront subir sur divers points nous offriront prochainement une occasion toute naturelle d'y introduire cette clause ; et si vous donnez votre approbation à la mesure, rien ne sera plus facile que de la faire consacrer dans le remaniement, dont nous aurions à nous occuper bientôt, dans tous les cas.

D'accord sur les trois points de l'utilité, l'opportunité et la légalité de la mesure, la Commission est entrée dans les entrailles de la question, dans sa discussion au fond ; et c'est du résultat de son travail que je vais avoir l'honneur de vous entretenir.

SECONDE PARTIE.

§ Ier. — EXAMEN AU FOND DE LA MESURE PROPOSÉE.

Dans l'énoncé sommaire de ma proposition, j'avais eu l'honneur d'expliquer au Conseil que je me proposais essentiellement deux choses :

1° Exciter par leur propre intérêt nos fonctionnaires et tous les employés de la Compagnie à travailler autant qu'il est en eux à la prospérité de la Société ;

2° Les récompenser de leurs efforts, chacun en raison de la part qu'il aurait prise à cette prospérité, et établir, pour certains d'entre eux, des règles qui les missent à l'abri de la misère quand, sur leurs vieux jours, ils devraient quitter le service de la Compagnie.

Ces bases admises, la Commission a été successivement saisie de diverses propositions conçues dans cet esprit.

Tout d'abord, et avant la discussion sur le quantum à demander à l'Assemblée générale, il a été fait une observation judicieuse : on a dit qu'il serait dangereux de venir demander aux actionnaires l'abandon d'une portion de leur chose, — d'un bénéfice acquis, — d'un bénéfice dont la hausse des actions est la représentation, — ce qui exigerait de leur part un véritable sacrifice, et dans un intérêt qu'il serait peut-être difficile de bien établir à leurs yeux.

Ces considérations d'une justesse incontestable ont fait abandonner l'idée primitive de l'auteur de la proposition, de faire porter la participation sur les bénéfices, immédiatement après le service de l'action financière ; et il a été convenu qu'en ce qui concernait la participation des employés, il serait censé n'y avoir de bénéfice qu'après qu'il aurait été attribué aux actions financières leurs 4 0/0

Et aux actions de dividende autres. 4 0/0

En tout. . . . 8 0/0

Vous remarquerez, Messieurs, que cette situation est à peu près celle du budget de 1844 ; de sorte que l'on pourra dire en toute vérité aux actionnaires : Notre proposition n'aura aucun effet de rétroactivité. Ce qui est acquis actuellement est et sera toujours affranchi de prélèvement en faveur des employés.

Les améliorations de l'avenir, de l'avenir qui dépend plus ou moins des soins et du zèle de nos employés, de l'intelligence et de l'activité de nos fonctionnaires, seront seules passibles du prélèvement que nous vous proposons.

Ce mode de procéder est infiniment préférable, et il assure d'autant plus la réussite de nos efforts auprès de l'Assemblée générale. La Commission n'a pas hésité à l'adopter comme base de toutes les propositions.

Il a donc été décidé que, quel que fût le chiffre de la participation allouée aux employés de la Compagnie, il ne frapperait que sur les sommes excédant :

	1°	1,600,000 fr.	nécessaires au service des actions financières ;
	2°	12,000 fr.	nécessaires au service de la rente viagère consentie à M. C. Lecomte ;
	3°	1,600,000 fr.	nécessaires au service de 4 0/0 aux actions de dividende, soit 20 fr. par action.
En tout...		3,212,000 fr.	

Cette base adoptée, l'auteur de la proposition a expliqué et soutenu son idée de diviser en deux catégories distinctes ce qu'il a appelé la tête et les bras de l'Administration. La Commission a admis sans contestation la grande distance qui sépare les Directeurs, Ingénieurs et autres chefs dont l'intelligence crée en quelque sorte des produits, des employés dont l'unique devoir est d'exécuter fidèlement et exactement les ordres qu'on leur donne ; et il a été reconnu à l'unanimité que la différence entre les traitements n'était pas suffisante pour établir celle qui existe dans la part d'influence que chacun apporte et la part de responsabilité que chacun supporte dans la communauté.

Il a d'ailleurs été reconnu que les chefs de l'entreprise, les hauts fonctionnaires de la Compagnie, devaient être mis dans la situation où leur position sociale, leur éducation et leurs besoins les placent tout naturellement, c'est-à-dire que, pour atteindre le but de la proposition, il fallait que ces personnes trouvassent en quelque sorte dans leurs travaux, si la Compagnie prospère, et dans la proportion de cette prospérité, une chance de fortune, une existence, un avenir.

Tandis que pour les employés d'un ordre inférieur et dans des conditions de travail sans influence directe sur la prospérité de la Compagnie, il suffirait que le Conseil trouvât dans la part qui leur serait faite un moyen de les récompenser par des gratifications annuelles qui viendraient augmenter d'autant leur traitement fixe, et surtout que le Conseil pût fonder pour eux une caisse d'épargne et de prévoyance pour les mauvais jours, ceux de la vieillesse ou de la maladie, qui prennent presque toujours les employés inférieurs au dépourvu.

Dans cette disposition des esprits, il a été fait deux catégories des employés :

Dans la première figureront les fonctionnaires de la Compagnie, tels que les Directeurs et les Ingénieurs, et tous les chefs de service que le Conseil d'administration jugera à propos d'y appeler.

La seconde comprendra tous les employés recevant de la Compagnie un traitement annuel et ne faisant pas partie de la première catégorie.

Les membres de la première catégorie seront intéressés chacun pour un quantum déterminé invariable, et calculé sur leur traitement.

Les membres de la deuxième catégorie seront intéressés proportionnellement à leur traitement et à la masse des traitements des employés de cette deuxième catégorie, donc pour un quantum variable.

En examinant bien le mécanisme de cette combinaison, on s'aperçoit qu'elle renferme des dispositions complétement satisfaisantes.

Ainsi, les membres de la deuxième catégorie ont en perspective, et comme prime d'encouragement, la chance permanente de passer dans la première ; cela dépend du Conseil, qui n'a pas à redouter l'opposition des membres de la première catégorie, entièrement désintéressés dans la question.

Les membres de la deuxième catégorie, indépendamment de l'espoir de passer dans la première, ont un autre intérêt qui leur est commun avec l'intérêt même de la Compagnie. On sait que de bons employés remplis de zèle, surtout quand ils sont intéressés à bien travailler, font, en petit nombre, une besogne que feraient à peine le double ou le triple d'employés dans d'autres dispositions. Nous pourrions citer, à l'appui de notre assertion, ce qui se passe dans maintes administrations publiques.

Eh bien, dans la combinaison adoptée, les employés de la deuxième catégorie auront intérêt à être le moins nombreux possible ; car la part qui leur reviendra sur les bénéfices sera d'autant plus grande ; ils ne souffriront donc pas, sans les signaler, de membres parasites. En un mot, dans ce système, on fera le plus de besogne possible avec le moins de monde possible.

Or, si de cette manière les employés touchent une plus forte part des bénéfices éventuels, de cette manière aussi la Compagnie paie une moindre somme de traitement ; il y a donc bénéfice pour les employés, économie pour l'Administration : avantage réciproque.

Il est donc vrai de dire, comme nous le faisons en commençant, que cette combinaison est appelée à produire, avec le temps, de très-bons résultats sous tous les rapports.

La commission ayant reconnu unanimement les avantages qui viennent d'être signalés, a demandé que, par des tableaux où seraient appliqués dans diverses hypothèses les principes qu'elle avait admis, le Conseil fût mis à même de se rendre un compte exact des résultats probables de la mesure proposée pour chacun des membres de l'une et l'autre catégories.

Ces tableaux ont été dressés dans l'hypothèse de prélèvements différents, savoir, n° 1, pour un prélèvement de 10 0/0 ; n° 2, pour un prélèvement de 12 0/0 ; n° 3, pour un prélèvement de 15 0/0.

Ces tableaux comprennent provisoirement, dans la première catégorie, 7 personnes pour une somme totale de 64,000 fr. de traitement annuel ; et dans la seconde, 793 employés pour un traitement annuel de 1,010,053 fr.

La commission a discuté longtemps s'il y aurait une règle de composition de cette première catégorie, et quelle serait cette règle; s'il conviendrait de la fixer par le montant du traitement ou par la désignation des fonctions. On a admis que les hauts fonctionnaires de la Compagnie devaient en faire toujours et nécessairement partie; c'est un droit qu'on peut leur attribuer à l'avance, sans inconvénient et avec avantage. Quant aux chefs de gare et de station, et à divers autres employés dont les services plus ou moins empressés et intelligents peuvent avoir une influence réelle sur la bonne réputation et la prospérité de la Compagnie, la Commission vous aurait proposé de les faire entrer de suite dans cette première catégorie, si elle n'avait été retenue par la considération que ce doit être pour eux une récompense, et que les services de ces employés datent seulement de l'exploitation du chemin, et non de la fondation de la Compagnie. Il est donc dans la pensée de la Commission que ces employés devront être appelés plus tard à faire partie de la première catégorie, et cette pensée est l'un des principaux motifs pour lesquels elle vous demande une stipulation qui laisse au Conseil d'administration le droit absolu d'appeler dans cette première catégorie qui bon lui semble, sans s'imposer aucune règle gênante pour l'avenir.

Nous avons dit que la deuxième catégorie se composerait naturellement de tous les employés ne faisant pas partie de la première; voici les tableaux :

TABLEAU N° I.

Prélèvement supposé de 10 0/0 sur les bénéfices excédant 3,212,000 fr., la totalité des appointements étant supposée de 1,074,053 fr.

Savoir : Appointements de 6,000 fr. et au-dessus. . . . . 64,000 fr.
Appointements au-dessous de 6,000 fr. 1,010,053

EXEMPLE :	1re SUPPOSITION BÉNÉFICE 3,612,000 fr. EXCÉDANT 400,000 fr. 10 0/0 40,000 fr.	2e SUPPOSITION. BÉNÉFICE 4,812,000 fr. EXCÉDANT 1,600,000 fr. 10 0/0 160,000 fr.
PREMIÈRE CATÉGORIE.		
Appointements de 6,000 *fr. et au-dessus. — Ensemble* 64,000 *fr.*		
Allocation, 1/32 de 1 0/0 par chaque 1,000 fr. de traitement, soit :	fr. c. 125 »	fr. c. 500 »
Ce qui donnerait :		
Pour un appointement de 12,000 fr., une augmentation de	1,500 »	6,000 »
Pour un appointement de 6,000 fr., *idem*	750 »	3,000 »
Pour la catégorie entière 64,000 fr., *idem*	8,000 »	32,000 »
DEUXIÈME CATÉGORIE.		
Appointements au-dessous de 6,000 *fr. — Ensemble* 1,040,053 *fr.*		
Somme à distribuer (moitié en dépôt à la Caisse d'épargne, moitié en gratifications)	32,000 »	128,000 »
En supposant la totalité des appointements de cette catégorie de 1,010,053 fr., il en résulte pour chaque 100 fr. d'appointements un prélèvement de	3,168	12,672
Soit :		
Pour un appointement de 5.000 fr., une augmentation de	158.40	633.65
Pour un appointement de 2,000 fr., *idem*	63.36	253.56
Pour un appointement de 800 fr., *idem*	25.34	101.38
Si le prélèvement n'avait pas lieu, les actions *omnium* auraient.	fr. c. 40 » soit 8 » %	fr. c. 55 » soit 11 » %
Le prélèvement ayant lieu, elles auraient.	39.50 soit 7.90 %	53 » soit 10,35 %
Différence.	fr. c. 0.50	fr. c. 2 »

TABLEAU N° 2.

Prélèvement supposé de 12 0/0 sur les bénéfices excédant 3,212,000 fr., la totalité des appointements étant supposée de 1,074,053 fr.

Savoir : Appointements de 6,000 fr. et au-dessus . . . . 64,000 fr.
Appointements au-dessous de 6,000 fr. . . . . 1,010,053 fr.

	1re SUPPOSITION.	2e SUPPOSITION.
EXEMPLE :	BÉNÉFICE 3,612,000 fr. EXCÉDANT 400,000 fr. 12 0/0 48,000 fr.	BÉNÉFICE 4,812,000 fr. EXCÉDANT 1,600,000 fr. 12 0/0 192,000 fr.
PREMIÈRE CATÉGORIE.		
Appointements de 6,000 fr. et au-dessus.— Ensemble 64,000 fr.		
Allocation, 1/24 de 1 0/0 par chaque 1,000 fr. de traitement, soit.	fr. c. 166 70	fr. c. 666 70
Ce qui donnerait :		
Pour un appointement de 12,000 fr., une augmentation de	2,000 40	8,000 40
Pour un appointement de 6,000 fr., *idem*. . . .	1,000 20	4,000 20
Pour la catégorie entière 64,000 fr., *idem*. . . .	10,668 80	42,668 80
DEUXIÈME CATÉGORIE.		
Appointements au-dessous de 6,000 fr. –Ensemble 1,010,053 fr.		
Somme à distribuer (moitié en dépôts à la Caisse d'épargne, moitié en gratifications).	37,331 20	149,331 20
En supposant la somme totale des appointements de cette catégorie de 1,010,053 fr., il en résulte pour chaque 100 fr.	3.696	14.785
Soit :		
Pour un appointement de 5,000 fr., une augmentation de	184.80	739.25
Pour un appointement de 2,000 fr., *idem*.	73.92	295.70
Pour un appointement de 800 fr., *idem*.	29.56	118.28
Si le prélèvement n'avait pas lieu, les actions *omnium* auraient.	fr. c. 40 » soit 8 » %	fr. c. 55 » soit 11 » %
Le prélèvement ayant lieu, elles auraient.	39.40 soit 7.88 %	52.60 soit 10.52 %
Différence.	fr. c. 0.60	fr. c. 2.40

TABLEAU N° 3.

Prélèvement supposé de 15 0/0 sur les bénéfices excédant 3,212,000 fr., la totalité des appointements étant supposée de 1,074,053 fr.

Savoir : Appointements de 6,000 fr. et au-dessus. . . . . 64,000 fr.
Appointements au-dessous de 6,000 fr. . . . . 1,010,053 fr.

EXEMPLE :	1re SUPPOSITION. BÉNÉFICE 3,612,000 fr. EXCÉDANT 400,000 fr. 15 0/0 60.000 fr.	2e SUPPOSITION. BÉNÉFICE 4,812,000 fr. EXCÉDANT 1,600,000 fr. 15 0/0 240,000 fr.
PREMIÈRE CATÉGORIE.		
Appointements de 6,000 *fr. et au-dessus.— Ensemble* 64,000 *fr.*		
	fr. c.	fr. c.
Allocation, 1/20 de 1 0/0 par chaque 1,000 fr. d'appointements, soit.	200 »	800 »
Ce qui donnerait :		
Pour un appointement de 12,000 fr., une augmentation de	2,400 »	9,600 »
Pour un appointement de 6,000 fr., *idem*. . . .	1,200 »	4,800 »
Pour la catégorie entière 64,000 fr., *idem*. . . .	12,800 »	51,200 »
DEUXIÈME CATÉGORIE.		
Appointements au-dessous de 6,000 *fr.— Ensemble* 1,010,053 *fr.*		
Somme à distribuer (moitié en dépôt à la Caisse d'épargne, moitié en gratifications).	47,200 »	188,800 »
En supposant la totalité des appointements de cette catégorie de 1,010,053 fr., il en résulterait pour chaque 100 fr. d'appointements	4.673	18.693
Soit :		
Pour un appointement de 5,000 fr., une augmentation de	233.65	934.65
Pour un appointement de 2,000 fr., *idem*. . . .	93.56	373.96
Pour un appointement de 800 fr., *idem*. . . .	37.38	149.54
	fr. c.	fr. c.
Si le prélèvement n'avait pas lieu, les actions *omnium* auraient.	40 » soit 8 » °/°	55 » soit 11 » °/°
Le prélèvement ayant lieu, elles auraient.	39.25 soit 7.85 °/°	52 » soit 10.40 °/°
	fr. c.	fr. c.
Différence.	0.75	3 »

On le voit dans le tableau n° 3 établi sur le prélèvement le plus fort, et dans les suppositions d'augmentation de produits considérables, la situation relative des actionnaires serait peu sensiblement changée, et elle ne le serait davantage que lorsque les bénéfices dépasseraient évidemment toutes leurs espérances. Cette considération jointe à ce que des bénéfices considérables ne peuvent être l'œuvre que du temps et d'une administration de plus en plus zélée, active et intelligente, a déterminé la Commission à l'unanimité à vous proposer d'adopter le chiffre de 15 0/0 à prélever sur les bénéfices excédant les 8 0/0 réservés aux actions financières et de dividende.

Ce chiffre nous paraît de nature à donner dans l'avenir des résultats satisfaisants à nos fonctionnaires et employés, et pouvoir en même temps être accepté avec empressement et bonne grâce par l'assemblée générale, car elle ne restera pas plus que vous étrangère aux sentiments qui ont déterminé la Commission à vous proposer son adoption. Nous espérons donc que le chiffre de 15 0/0 aura votre plein assentiment.

Maintenant jusqu'à quel point et de quelle manière notre prévoyante sollicitude devra-t-elle s'interposer pour assurer aux fonctionnaires et employés de la Compagnie la conservation des sommes qui pourront leur provenir de cette participation dans les bénéfices?

La Commission a examiné cette question. Elle a pensé que les membres de la première catégorie n'avaient pas besoin de la tutelle du Conseil d'administration, leur position sociale, intellectuelle et même financière les mettant à même de faire dans leur sagesse ce qu'ils croiront le plus utile dans leur intérêt présent et à venir.

La Commission vous propose donc, pour les membres de cette première catégorie, de leur laisser la libre et entière disposition de toutes les sommes auxquelles ils pourront avoir droit.

Quant à ceux de la seconde catégorie, composée en grande partie de personnes ne recevant qu'un faible traitement, et que leurs habitudes éloignent des idées de prévoyance et d'avenir, vous n'avez pas oublié quel a été le principal motif de la proposition. Pour atteindre ce but, il faut, par de sages dispositions, les garantir contre le malheur de se voir privés de toute ressource au moment forcé du repos ; il faut que le Conseil ne soit pas un jour exposé au regret de voir des gens qui auraient longtemps et fidèlement servi la Compagnie, tomber à la charge de la charité publique : circonstance humiliante pour tous, et qu'une Administration comme la nôtre ne doit pas volontairement subir.

En conséquence, la Commission vous propose, pour les bénéfices revenant aux membres de la seconde catégorie, d'en faire deux parts égales : l'une, la première, serait placée à la Caisse d'épargne au compte de chaque employé, et le livret délivré en son nom serait gardé par l'Administration, qui ne lui en laisserait la libre disposition qu'à sa sortie de la Compagnie.

L'autre portion, la seconde moitié, serait mise en masse à la disposition du Conseil d'administration pour être distribuée, sur le rapport de la direction, en gratifications à ceux des employés dont le zèle et l'application mériteront d'être récompensés, et ce dans la mesure des services rendus par chacun d'eux.

De cette manière se trouveraient parfaitement conciliés le désir de faire faire des épargnes à la majeure partie des employés, et le besoin de ne récompenser par des gratifications que ceux qui l'auraient mérité, ainsi que le commandent le sentiment de justice distributive qui nous anime, et l'intérêt permanent de la Compagnie, qui consiste à stimuler les efforts par l'appât des récompenses.

Nous venons de parcourir, Messieurs, les différents points que nous nous étions proposé de traiter devant vous. Nous avons fait passer sous vos yeux le plan d'exécution de la proposition et ses résultats dans diverses hypothèses ; nous avons discuté l'utilité, l'opportunité, la légalité de la mesure, et nous avons dit que la Commission a été unanime pour les reconnaître.

Vous vous associerez à elle, nous l'espérons, messieurs, dans son désir de fonder une institution qui unira en quelque sorte dans une même famille tous les membres de la Compagnie, en classant toutefois les penseurs et les travailleurs chacun à la place qui lui appartient ; vous vous associerez à elle pour fonder une institution qui honorera le Conseil d'administration, et laissera à vos successeurs un témoignage permanent de votre paternelle sollicitude pour tous ceux qui travaillent d'une manière ou d'une autre à la prospérité commune.

La Commission, à l'unanimité, vous propose l'adoption de la proposition dans les termes et aux clauses et conditions consignés dans le rapport dont nous venons d'avoir l'honneur de vous donner lecture.

CHEMIN DE FER DE PARIS A ORLÉANS.

Frais de premier Établissement

OU

DÉPENSES POUR LA CONSTRUCTION ET LA MISE EN EXPLOITATION

DU CHEMIN DE FER.

TABLEAU

DES ÉVALUATIONS PRÉSENTÉES A L'ASSEMBLÉE GÉNÉRALE DU 6 OCTOBRE 1842, COMME DÉPENSE

DÉSIGNATION DES CHAPITRES.		ÉVALUATIONS DE 1842.		DÉPENSES RÉELLES.	
1° **ADMINISTRATION CENTRALE**, personnel des travaux, frais d'études et de tracé, dépenses diverses		1,800,000	»	1,798,583	08
2° **ACQUISITIONS DE TERRAIN** et indemnités de toute nature.		6,980,000	»	7,175,000	»
3° **TERRASSEMENTS** et ensablement ou empierrement de la voie..		10,420,000	»	(1) 10,436,087	43
4° **OUVRAGES D'ART**, passages à niveau, maisons de gardiens...		4,710,000	»	4,530,226	88
5° § 1er **ETABLISSEMENT DES 2 VOIES** principales et des voies accessoires......................	12,850,000				
§ 2. **MATÉRIEL** pour le service des voies dans les gares de voyageurs et de marchandises, et dans les ateliers et les dépôts de marchandises (*Plates-formes tournantes, changements et croisements de voie*) ...	862,000				
	13,712,000	13,712,000	»	13,616,260	»
6° **CONSTRUCTIONS ACCESSOIRES :**					
§ 1er. Constructions pour les gares de voyageurs et de marchandises, pour les ateliers et les dépôts de machines et de voitures, et pour la maison d'administration...	4,448,000				
§ 2. Barrières ou clôtures de la ligne, plantations de haies vives, d'osiers, etc	410,000				
§ 3. Gazonnements des talus, prises d'eau, puits, guérites, outillages des cantonniers et dépenses diverses.........	252,000				
	5,110,000	5,110,000	»	5,547,357	06
7° **MATÉRIEL :**		42,732.000	»	43,103,514	45
§ 1er. Matériel de l'exploitation pour le service des voyageurs et celui des marchandises..........................	4,738,000	4,738,000	»	5,336,787	70
§ 2. Outillage des ateliers, mobiliers des gares et stations	430,000	430,000	»	512,666	73
	5,168,000				
8° **INTÉRÊTS DUS AUX ACTIONNAIRES** pendant la durée des travaux, compensation faite des produits des parties de la ligne livrées successivement à la circulation............................		47,900,000	»	48,952,968 (2)	88
		1,300,000	»	607,415	46
		49,200,000	»	49,560,384	34
Excédant des dépenses sur les prévisions.		360,384	34		
		49 560,384	34		

COMPARATIF

PROBABLE, ET DE LA DÉPENSE RÉELLE RÉSULTANT DES COMPTES ARRÊTÉS AU 29 FÉVRIER 1844.

EXCÉDANTS				
DES DÉPENSES SUR les évaluations.		DES ÉVALUATIONS SUR les dépenses.		*OBSERVATIONS.*
»	»	1,416	92	
195,000	»	»	»	Ouverture des rues de communication avec la Seine, à Corbeil et à Ivry (gare de marchandises). Insuffisance des évaluations concernant les acquisitions de terrain ou l'étendue des prises.
16,087	43	»	»	(1) Terrassements......... 8,269,989 73 Ballast............... 2,166,097 70 10,436,087 43
»	»	179,773	12	
»	»	95,740	»	
(2) 437,357	06	»	»	(2) Insuffisance du puits d'Etampes et de Saint-Michel.— Installation des services du roulage et des messageries.—Construction des gares de marchandises intermédiaires. — Accroissement des gares des marchandises et des gares de voyageurs à Paris et à Orléans.
648,444	49	276,930	04	
(3) 598,787	70	»	»	(3) Construction de 6 nouvelles machines, 8 tenders, 4 wagons de secours, 30 wagons à bestiaux, 30 trucks pour les services du roulage et des messageries.
(4) 82,666	73	»	»	(4) Complément de l'outillage des ateliers ; ameublement de la maison d'administration ; mobilier des ingénieurs et accroissement du mobilier des dépôts et gares.
1,329,898	92	276,930	04	
»	»	692,584	54	(5) Intérêts aux actionnaires et aux obligations de l'emprunt.. 5,057,654 50 Bénéfices sur l'exploitation.......... 3,199,216 12 Produits des escomptes et intérêts... 1,014,429 79 Bénéfice des ateliers et intérêts...... 214,614 54 Recettes diverses.................. 21,978 59 4,450,239 04 à.. 4,450,239 04 RESTE porté en dépenses....... 607,415 46
1,329,898	92	909,514	58	
		360,384	34	
		1,329,898	92	

[illegible]

CHEMIN DE FER DE PARIS A ORLÉANS.

TABLEAU

DES

RECETTES ET DES DÉPENSES DE L'EXPLOITATION,

Depuis le 20 Septembre 1840 jusqu'au 31 Décembre 1843.

RECETTES.

EXERCICES.	VOYAGEURS.			BAGAGES et MARCHANDISES.			VOITURES ET CHEVAUX.				RECETTES ACCESSOIRES et ACCIDENTELLES.		RECETTE TOTALE.		OBSERVATIONS.
	NOMBRE.	RECETTE.		POIDS en KILOS.	RECETTE.		NOMBRE DE VOITURES.	NOMBRE DE CHEVAUX.	RECETTE.						
1840	198,213	245,264	10	1,018,047	11,778	»	»	»	»	»	»	»	257,042	10	Ligne de Corbeil.
1841	866,159	1,076,298	05	9,368,253	80,534	»	622	618	12,825	»	2,428	52	1,172,085	57	Idem.
1842	841,529	1,074,138	20	12,026,559	101,043	20	834	1,023	19,136	»	6,620	16	1,200,937	56	Idem.
1845	1,176,818	3,410,284	88	43,780,738	736,368	23	1,188	1,881	111,919	65	4,866	62	4,263,439	38	Ligne de Corbeil, jusqu'au 3 mai 1843, et lignes de Corbeil et d'Orléans, du 4 mai au 31 décembre 1843.
	3,082,719	5,805,985	23	66,193,597	929,723	43	3,337	2,820	143,880	65	13,915	30	6,893,504	61	

DÉPENSES.

EXERCICES.	CHARGES imposées par l'administration publique.		SUBVENTIONS aux omnibus.		ASSURANCES et conservation des bâtiments.		PERSONNEL de tous les services de l'exploitation		MATÉRIEL de tous les services non compris les ateliers.		SERVICE DE TRACTION. Consommation.		SERVICE DE TRACTION. Entretien des Machines, Tenders et voitures.		DÉPENSE totale.		OBSERVATIONS.
1840	12,308	93	5,400	»	410	61	78,469	18	68,124	57	62,451	75	24,471	84	251,636	88	Ligne de Corbeil.
1841	54,102	93	11,599	00	10,080	56	222,084	76	181,311	33	208,247	41	102,361	22	789,788	11	Idem.
1842	55,430	36	10,962	80	12,458	69	204,616	20	112,980	09	156,055	04	103,613	51	656,116	69	Idem.
1843	145,410	»	63,888	20	21,903	71	626,449	44	467,206	41	423,894	92	227,994	13	1,976,746	81	Ligne de Corbeil jusqu'au 3 mai 1843, et lignes de Corbeil et d'Orléans, du 4 mai au 31 décembre 1843.
	267,252 (1)	22	91,850	90	44,853	57	1,131,619	58	829,622	40	850,649	12	458,440	70	3,674,288 (2)	49	

(1) Dans cette somme on comprend celle de 40,656 fr. 75 c. payée à la Régie des Contributions indirectes, par suite d'une interprétation de la loi fiscale que la Compagnie croit erronée, et contre laquelle elle a protesté et dirigé une action judiciaire.

(2) A la somme de 3,674,288 fr. 49 c., il devra être ajouté celle de 20,000 fr. pour le montant approximatif des dépenses réglées et non encore soldées au 29 février 1844.

CHEMIN DE FER DE PARIS A ORLÉANS.

SITUATION FINANCIÈRE DE LA COMPAGNIE

Au 29 Février 1844.

INDICATION DES CHAPITRES.	SOMMES à dépenser, résultant des comptes arrêtés au 29 février 1844.		SOMMES dépensées.		SOMMES restant à dépenser.		OBSERVATIONS.
1re Partie. FRAIS DE PREMIER ÉTABLISSEMENT OU DÉPENSES pour la construction et la mise en exploitation du Chemin de Fer.							
1° Administration de la Compagnie. — Personnel. — Jetons de présence (1). — Impôts. — Assurances. — Frais judiciaires. — Frais de bureaux, etc....	688,561	36	668,561	36	20,000	»	(1) Depuis la constitution de la Compagnie jusqu'au 31 décembre 1843, il y a eu 1106 séances, soit du Conseil d'administration, soit des Commissions, savoir : Séances du Conseil d'administration........................ 334 Commission de comptabilité et de finances........................ 216 Commissions de construction. 148 — — du contentieux . 151 — — d'exploitation... 181 Commissions spéciales....... 54 Commissions des ateliers..... 22 Ensemble......... 1106
2° Service des travaux. — Personnel. — Frais d'études, de tracés et dépenses diverses	1,110,021	72	1 088,150	77	21,870	95	
3° Acquisitions de terrains, indemnités accessoires, frais judiciaires, honoraires et dépenses diverses inhérentes à ce service........................	7,175,000	»	6,852,435	12	322,564	88	
4° Travaux de terrassements et de ballast, ou ensablement et empierrement de la voie...............................	10,436,087	43	10,333,982	55	102,104	88	
5° Ouvrages d'art, passages à niveau, maisons de gardiens, etc.............	4,530,226	88	4,480,503	45	49,723	43	
6° Établissement des deux voies principales et des voies accessoires, plates-formes tournantes, changements et croisements de voies	13,616,260	»	13,565,696	60	50,563	40	
7° Constructions diverses. — Gare de voyageurs et de marchandises. — Dépôts de machines et de voitures. — Barrières et clôtures de la ligne. — Plantations de haies vives, osiers. — Gazonnement des talus.—Prises d'eau. — Puits, etc.......................	4,753,449	69	3,857,086	39	896,363	30	
Maison d'administration	283,624	97	283,424	97	200	»	
Ateliers de construction et de réparation du matériel, avec leur outillage.......	757,209	56	739,209	56	18,000	»	
A reporter........	43,350,441	61	41,869,050	77	1,481,390	84	

INDICATION DES CHAPITRES.	SOMMES À DÉPENSER, RÉSULTANT des comptes arrêtés AU 24 FÉVRIER 1844.		SOMMES DÉPENSÉES.		SOMMES RESTANT À DÉPENSER.		OBSERVATIONS.
REPORT.................	13,350,441	61	41,869,050	77	1,481,390	84	
8° MATÉRIEL ET MOBILIER..............							
§ 1er. — Matériel de l'exploitation pour le service des voyageurs et des marchandises......................	5,336,787	70	4,903,223	67	433,564	03	
§ 2. — Mobiliers divers. — Gares. — Stations. — Entretien et surveillance de la voie. — Dépôts. — Maison d'administration....................	265,739	57	233,265	63	32,474	94	
9° Intérêts dus aux actions et aux obligations de l'emprunt, déduction faite des produits de l'exploitation et autres recettes diverses de la Compagnie.....	607,415	46	513,772	71	93,642	75	
10° Les trois cinquièmes des frais de surveillance et d'entretien de la voie entre Juvisy et Orléans, pendant l'année 1844, conformément à l'ordonnance royale du 20 octobre 1843 (prévisions portées dans le budget pour l'exercice 1844)......	360,750	»	»	»	360,750	»	**RECETTES.** — 1° Réalisation du fonds social................ 40,000,000 » 2° Réalisation de l'emprunt............. .. 9,999,000 » TOTAL........ 49,999,000 » DÉPENSES ci-contre (1). 49,921,434 34 EXCÉDANT de recettes.. 77,865 66
TOTAL des dépenses de la 1re partie..........	49,921,134 (1)	34	47,519,311	78	2,401,822	56	
2e Partie.							
1° Excédants de terrains et propriétés immobilières à revendre.............	417,438	44	417,438	44	»	»	
2° Wagons de terrassements à revendre.	133,000	»	133,000	»	»	»	
3° Avances pour l'achat des forêts de Bretagne et créance sur M. Pouillet...	1,596,552	05	1,596,552	05	»	»	
TOTAL des dépenses de la 2e partie........	2,146,990	49	2,146,990	49	»	»	
Récapitulation.							
1re PARTIE.— Dépenses pour la construction et la mise en exploitation du chemin de fer.........................	49,221,134	34	47,519,311	78	2,401,822	56	
2e PARTIE.— Avances de la Compagnie...	2,146,990	49	2,146,990	49	»	»	
TOTAL GÉNÉRAL des dépenses soldées et restant à acquitter au 29 février 1844........	52,068,124	83	49,666,302	27	2,401,822	56	
			52,068,124 83				

CHEMIN DE FER DE PARIS A ORLÉANS.

RÉSUMÉ

DE LA

BALANCE GÉNÉRALE DES ÉCRITURES,

Au 29 Février 1844.

COMPTES DÉBITEURS.

Administration de la Compagnie. (*Personnel et dépenses générales.*). .		668,561	36
Acquisition de terrains, indemnités et frais.		6,852,435	12
Travaux.			
SAVOIR :			
Personnel.	908,602 63		
Frais de tracé et dépenses diverses.	179,548 14		
Terrassements.	10,333,982 55	33,325,419	76
Travaux d'art.	4,480,503 45		
Etablissement des voies.	13,565,696 60		
Constructions diverses.	3,857,086 39		
Matériel d'exploitation.		4,903,223	67
Mobiliers d'administration et d'exploitation.		233,264	63
Ateliers à la gare d'Ivry et leur outillage.		739,209	56
Maison d'administration.		283,424	97
Intérêts payés aux actionnaires et aux porteurs des obligations de l'emprunt.		4,984,011	75
		51,989,550	82
Propriétés et terrains excédants à revendre.		417,438	44
Wagons de terrassement à revendre.		133,000	»
Avance sur les forêts de Bretagne et créance sur M. Pouillet.		1.596,552	05
Balance.	332,697 73	54,136,541	31
Liquidation des recettes antérieures à 1844. (*Exploitation.*).		3,705	30
Approvisionnement de coke.		222,005	84
Fonds de roulement des ateliers		178,911	61
Magasin de pièces de rechange.		152,830	88
Magasin d'exploitation. (*Compte des dépôts des Machines.*)		2,339	78
Fonds de roulement de l'entretien de la voie		171,206	34
Administration de la Compagnie. (*Exercice* 1844.).		13,403	80
Fonds disponibles.			
SAVOIR :			
Caisse.	103,265 10		
Effets en portefeuille. . . . . . . 161,987 40 / Placements en report. 112,962 40	250,975 »	516,227	50
		55,397,172	36

COMPTES CRÉANCIERS.

Fonds social.	40,000,000	»
Capital de l'emprunt.	9,999,000	»
Intérêts de placements temporaires de fonds sans emploi	1,014,429	79
Recettes diverses du domaine de la Compagnie.	236,593	13
Balance des recettes et des dépenses de l'exploitation, au 31 décembre 1843.	3,219,216	12
	54,469,239	04
Balance des comptes des débiteurs et des créanciers divers.	235,749	05
Cautionnements et retenues de garantie.	183,207	13
Liquidation des actions vendues pour n'avoir pas effectué les versements aux époques déterminées par le Conseil d'administration. . .	2,335	40
Compte courant d'exploitation. (*Exercice* 1844.) Solde des recettes et des dépenses..	506,522	05
Domaine de la Compagnie (*Exercice* 1844.).	119	69
	55,397,172	36

CHEMIN DE FER DE PARIS A ORLÉANS.

BUDGET

DES

RECETTES ET DES DÉPENSES

Pour l'Exercice 1844.

RECETTES.

Transport des Voyageurs, non compris l'impôt du dixième sur le prix des places	4,050,000	»
Bagages, articles de messagerie, marchandises	1,860,000	»
Voitures de poste et chevaux	120,000	»
Produit net des immeubles et recettes accidentelles	28,250	»
Total (1)	6,058.250	»

Ce qui suppose une recette moyenne de 16,817 fr. 12 c. par jour, déduction faite de l'impôt du dixième.

(1) **TABLEAU DES RECETTES PRÉSUMÉES PAR MOIS.**

1° Trafic du Chemin de fer (Voyageurs, y compris l'impôt du dixième, bagages, messagerie, marchandises, voitures et chevaux) :

Janvier	31 jours	à 14,000 fr.	434,000 fr.
Février	29 —	à 14,000	406,000
Mars	31 —	à 16,000	496,000
Avril	30 —	à 16,000	480,000
Mai	31 —	à 18,000	558,000
Juin	30 —	à 17,000	510,000
Juillet	31 —	à 17,000	527,000
Aout	31 —	à 20,000	620,000
Septembre	30 —	à 20,000	600,000
Octobre	31 —	à 20,000	620,000
Novembre	30 —	à 16,500	495,000
Décembre	31 —	à 14,000	434,000
		Total	6,180,000
A déduire pour l'impôt du dixième			150,000
		Reste	6,030,000
2° Produit net des immeubles, et recettes accidentelles			28,250
		Somme égale	6,058,250

DÉPENSES.

Dépenses de l'administration centrale	110,650	»
Contributions et charges imposées par l'administration publique, autres que l'impôt du dixième sur le prix des places	24,925	»
Dépenses générales de l'exploitation	197,900	»
Frais de perception et service des gares	449,500	»
Entretien et surveillance de la voie, déduction faite de la portion de cette dépense, considérée comme appartenant à la construction du Chemin de fer, et mise à ce titre à la charge des frais de premier établissement, par ordonnance royale du 20 octobre 1843	371,500	»
Frais de traction, y compris une somme de 150,000 fr. pour renouvellement du matériel	1,295,495	»
	2,440,970	»
Service de l'emprunt, intérêts et amortissement	528,150	»
TOTAL DES DÉPENSES	2,978,120	»
Excédant présumé des Recettes sur les Dépenses	3,080,130	»
	6,058,250	»

www.ingramcontent.com/pod-product-compliance
Lightning Source LLC
Chambersburg PA
CBHW062020200326
41519CB00017B/4859
* 9 7 8 2 0 1 9 2 1 4 4 6 3 *